中等职业教育国家规划教材
全国中等职业教育教材审定委员会审定

机械制图习题集

（少学时）

第 2 版

主编 文 珈
参编 沈 冬 孔晓林 于 杰 蔺智勇
主审 陈树国

机械工业出版社

本书是文珈修订的中等职业教育国家规划教材《机械制图（少学时）第2版》一书的配套用书。本书依据教育部机械制图少学时教学大纲，严格按照国家最新颁布的相关标准编写，以读图能力的培养为核心，以实用、够用为度。习题集的编写顺序与主教材一致，包括机械制图基本知识和技能、机械制图投影基础、几何体表面的交线、组合体、图样表达方式、标准件和常用件、零件图和装配图。

本书适用于中等职业学校非机械类各专业，也可供相关工程技术人员参考。

图书在版编目（CIP）数据

机械制图习题集：少学时/文珈主编．—2版．—北京：机械工业出版社，2011.9（2025.7重印）
中等职业教育国家规划教材
ISBN 978-7-111-35515-1

Ⅰ.①机… Ⅱ.①文… Ⅲ.①机械制图-中等专业学校-习题集 Ⅳ.①H126-44

中国版本图书馆CIP数据核字（2011）第154687号

机械工业出版社（北京市百万庄大街22号 邮政编码100037）
策划编辑：王佳玮 责任编辑：王佳玮 版式设计：霍永明
责任校对：张玉琴 封面设计：姚 毅 责任印制：张 博
北京机工印刷厂有限公司印刷
2025年7月第2版第8次印刷
260mm×184mm·4.75印张·122千字
标准书号：ISBN 978-7-111-35515-1
定价：24.00元

电话服务 网络服务
客服电话：010-88361066 机 工 官 网：www.cmpbook.com
　　　　　010-88379833 机 工 官 博：weibo.com/cmp1952
　　　　　010-68326294 金 书 网：www.golden-book.com
封底无防伪标均为盗版 机工教育服务网：www.cmpedu.com

前　言

本书是文珈修订的中等职业教育国家规划教材《机械制图（少学时）第2版》一书的配套用书。习题集的编写顺序与主教材一致，包括机械制图基本知识和技能、机械制图投影基础、几何体表面的交线、组合体、图样表达方式、标准件和常用件、零件图和装配图。

本书主要特点如下：

1. 习题集内容与主教材衔接紧密，选取题型、难度均符合中等职业学校学生的认知规律。习题以基础知识练习为主，以实用、够用为原则。

2. 练习题目形式多样，可使读者综合地得到全方位的能力提升。

3. 读图能力的培养是本书的主要目标。

4. 贯彻最新的机械制图国家标准，注重培养执行国家标准的意识。

本书由文珈主编，沈冬、孔晓林、于杰、蔺智勇参加编写。全书由陈树国主审，在此对为本书编写提供帮助的所有人表示由衷的谢意。

由于编者水平有限，书中难免存在缺点与不足，欢迎广大读者批评指正。

编　者

目　录

前言
第一章　机械制图基本知识和技能 ……………………………………………………………… 1
第二章　机械制图投影基础 ……………………………………………………………………… 11
第三章　几何体表面的交线 ……………………………………………………………………… 28
第四章　组合体 …………………………………………………………………………………… 33
第五章　图样表达方式 …………………………………………………………………………… 45
第六章　标准件和常用件 ………………………………………………………………………… 55
第七章　零件图 …………………………………………………………………………………… 66
第八章　装配图 …………………………………………………………………………………… 71

第一章 机械制图基本知识和技能

1-1 字体练习。

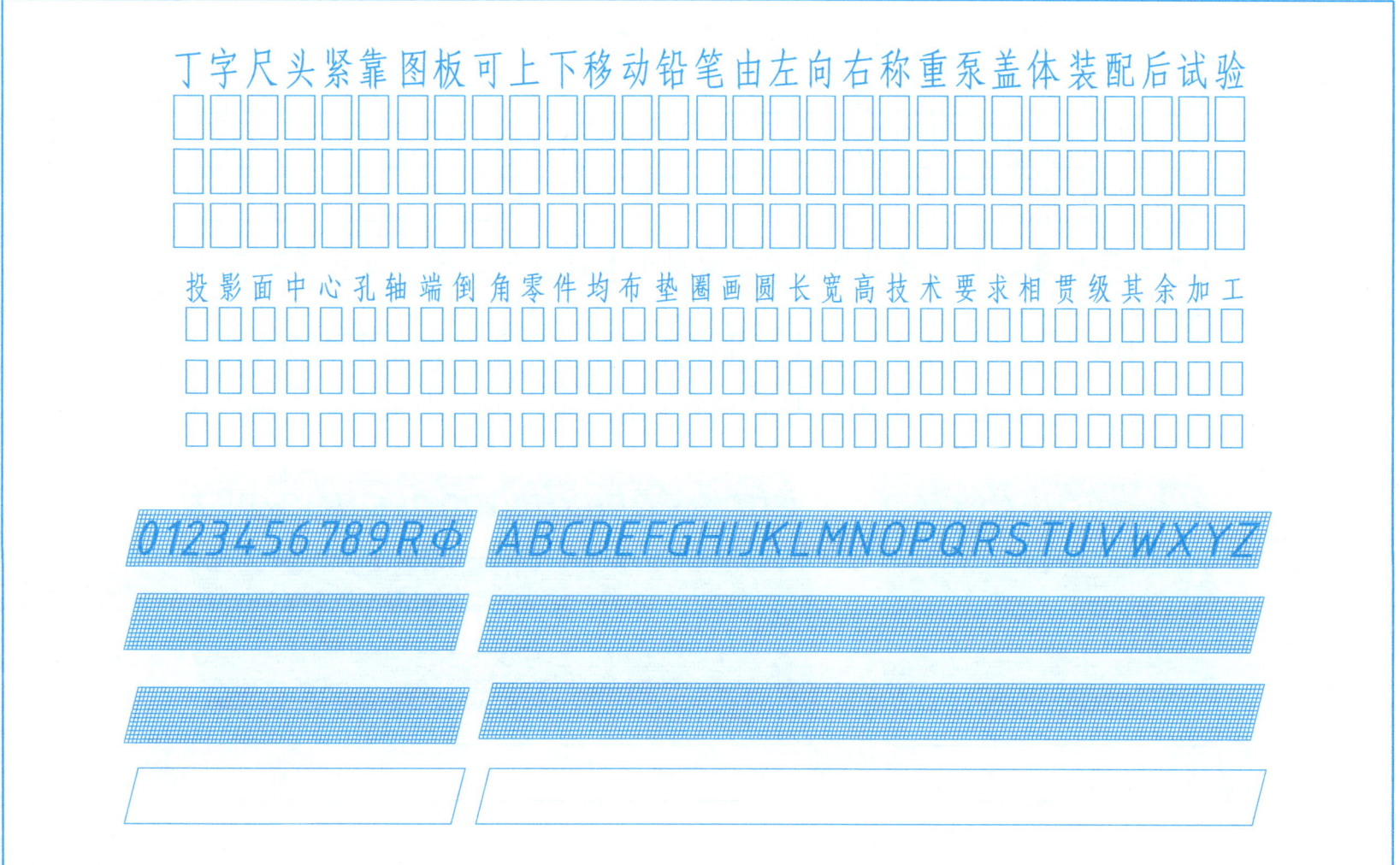

丁字尺头紧靠图板可上下移动铅笔由左向右称重泵盖体装配后试验

投影面中心孔轴端倒角零件均布垫圈画圆长宽高技术要求相贯级其余加工

0123456789RΦ ABCDEFGHIJKLMNOPQRSTUVWXYZ

班级　　　　　姓名　　　　　学号

1-2 字体练习。

螺母铸钢铁钉高低速轴左旋转方案要求销出口度量尺寸画斜线材料

均布与零件截面孔包减速机盖同钻铰刮平长度方主要基准后视测定内外径

0123456789RΦ　　abcdefghijklmnopqrstuvwxyz

1-3 图线练习。在指定位置画出各种图线和图形。

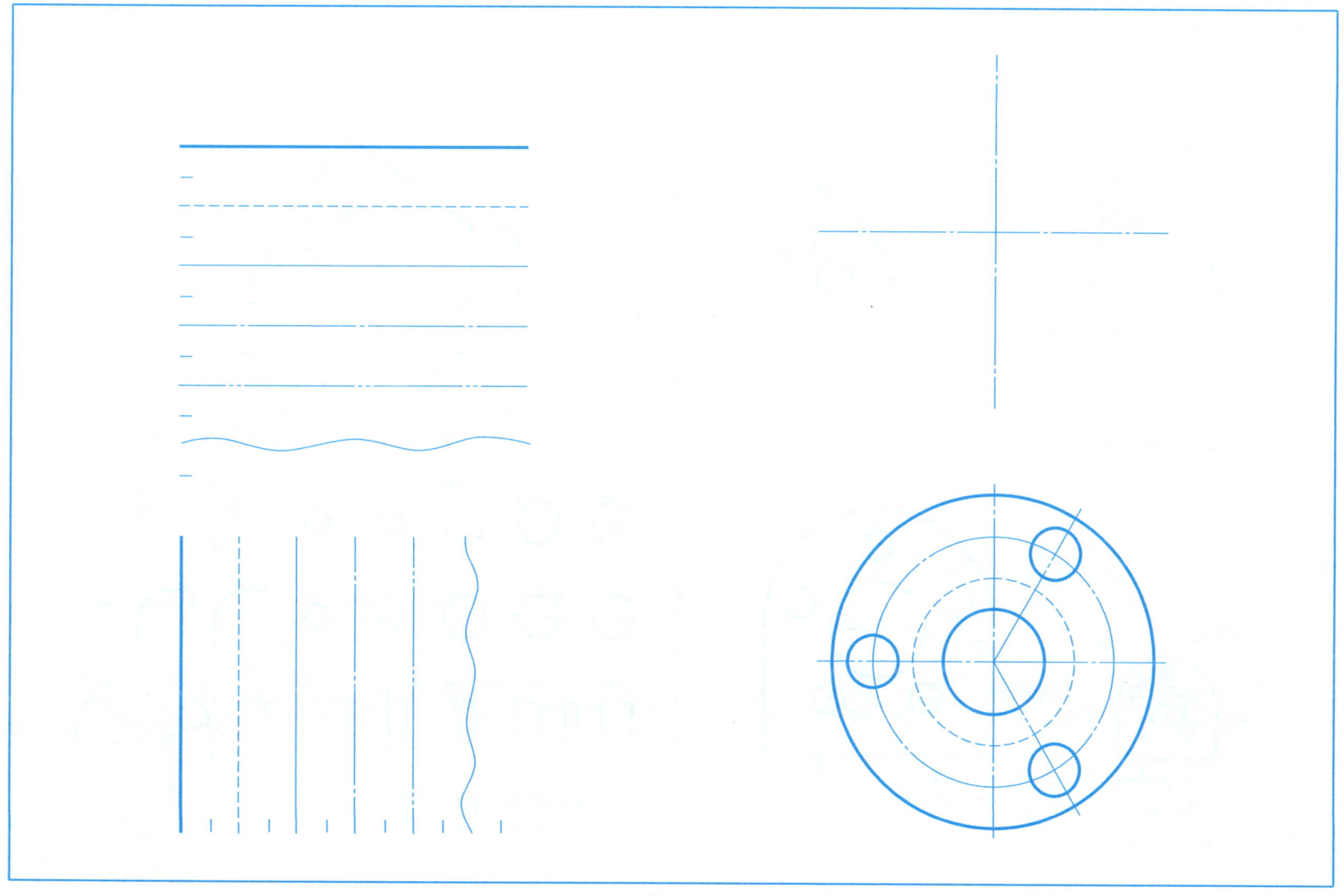

1-4 尺寸注法练习。

1. 圈出左图中不正确的尺寸标注，并将正确的标注在右图上。

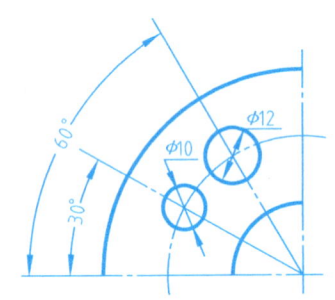 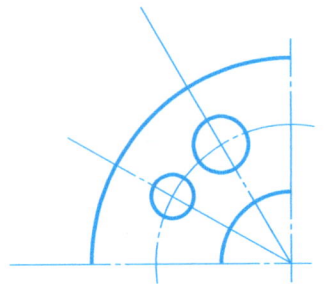

2. 标注尺寸数值尺寸在图中量取，并取整数。

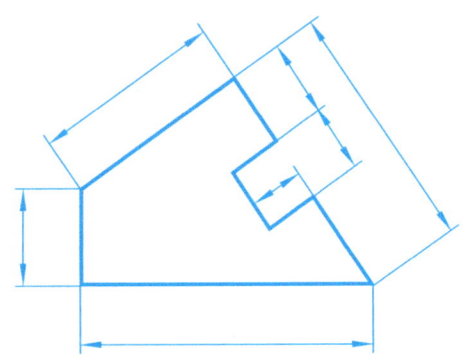

3. 按照左图给出的尺寸标注右图。

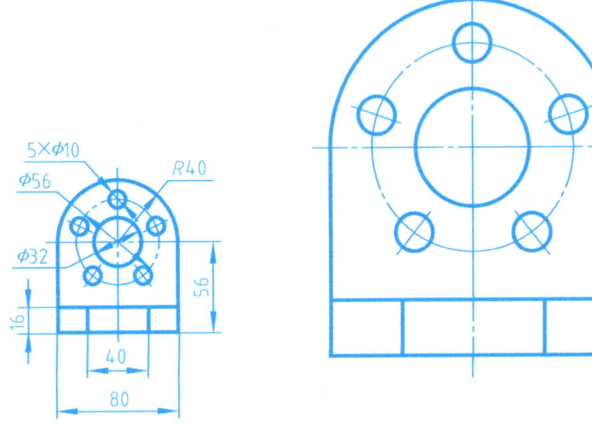

4. 按照给出的小尺寸注法，在相应的图上模仿注出。

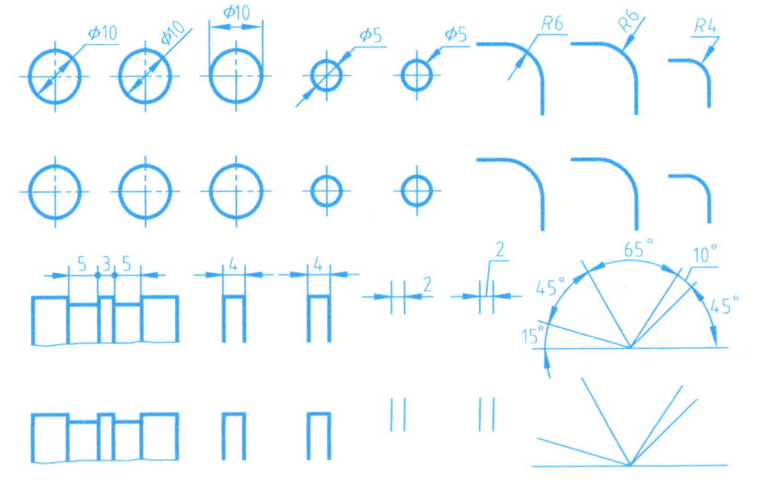

1-5 尺寸标注练习（实际尺寸从图中量取，并取整数）。

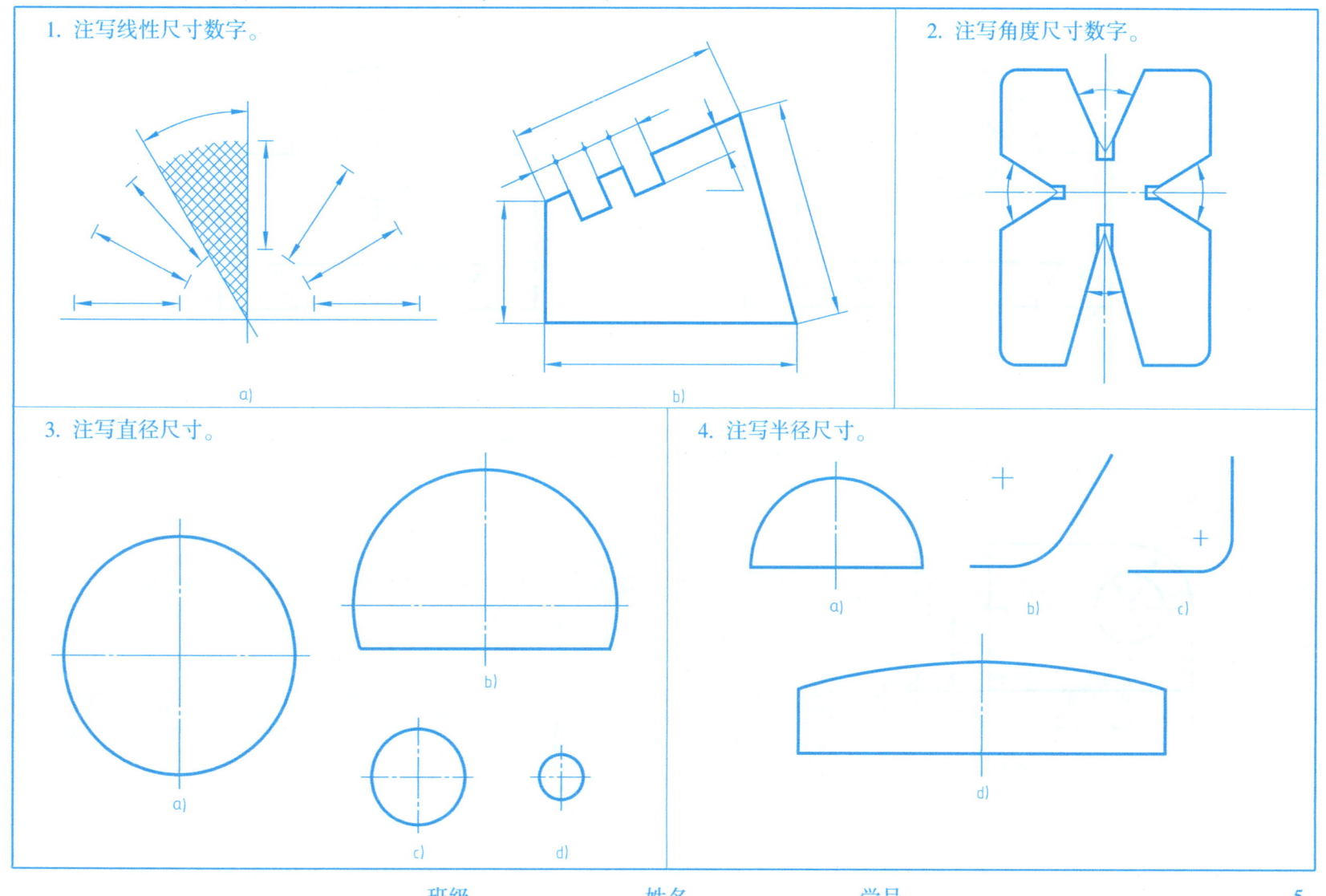

1-6 尺寸注法练习。

1. 圈出左图中尺寸标注的错误,并将正确的标注在右图中。

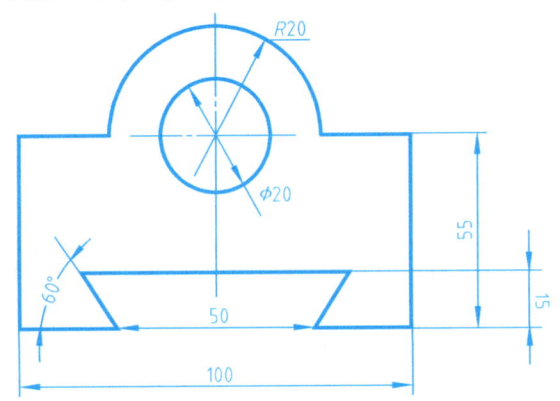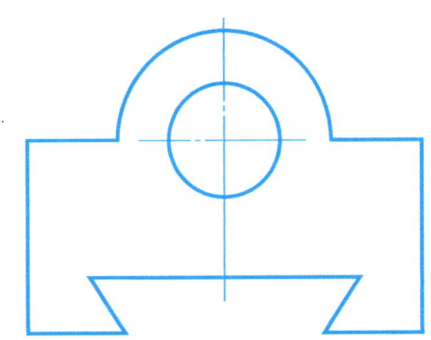

2. 参照左图所示图形,用1:2比例在指定位置画出图形,并标注尺寸。

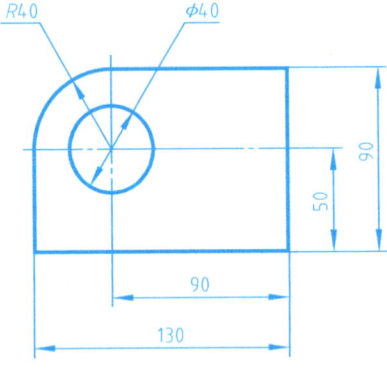

1-7 几何作图练习。

1. 用三角板作内接正六边形。

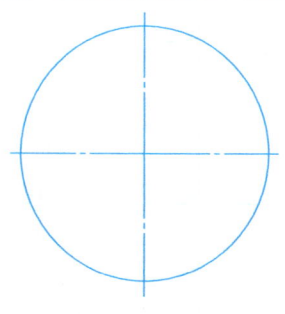 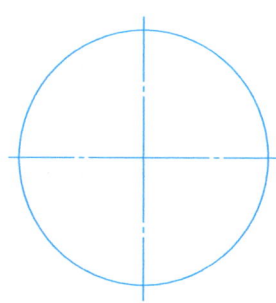

对角在水平点画线上　　　　　　对角在垂直点画线上

2. 用圆规作内接正六边形。

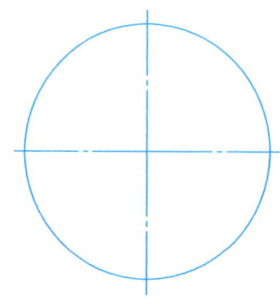 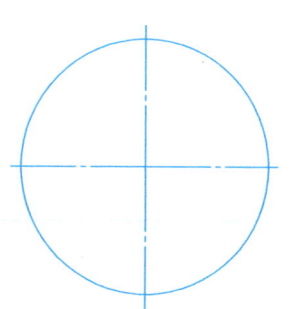

对角在水平点画线上　　　　　　对角在垂直点画线上

3. 按右上角的图例，用圆规等分点，完成图形。

 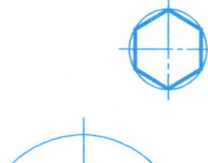

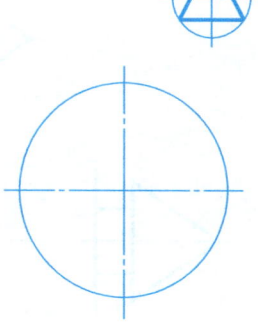 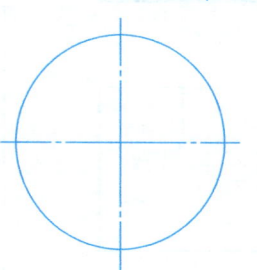 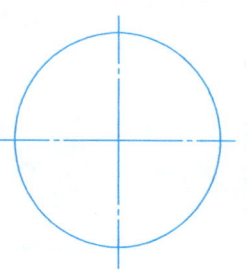 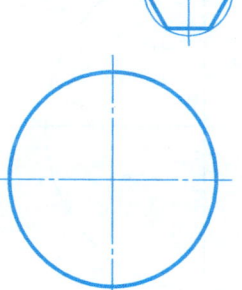

班级　　　姓名　　　学号

1-8 基本作图练习。

1. 将线段 AB 七等分。

2. 以线段 AB 为底边作正三角形。

3. 作圆的内接正六边形。

4. 作圆的内接正五边形。

5. 参照右上角示意图，作 1:4 斜度图形。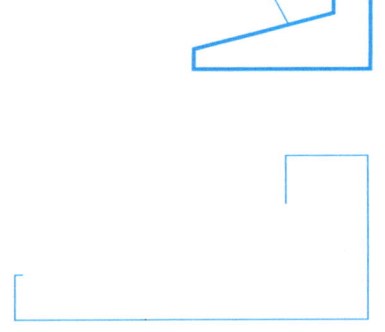

6. 参照右上角示意图，作 1:3 锥度图形。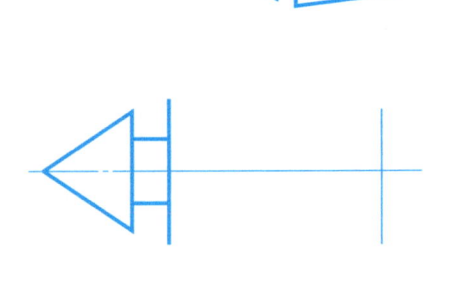

班级　　　姓名　　　学号

1-9 平面轮廓绘制练习。参照给定的图例，在指定位置作圆弧连接，并保留圆心及切点的作图线。

1.

2.

1-10 平面轮廓绘制练习（比例自定，将平面图形画在空白处）。

1.

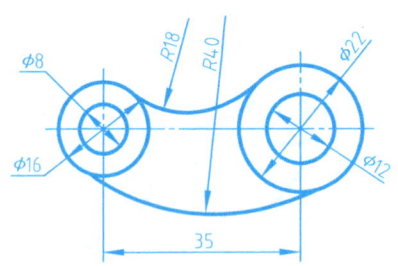

2.

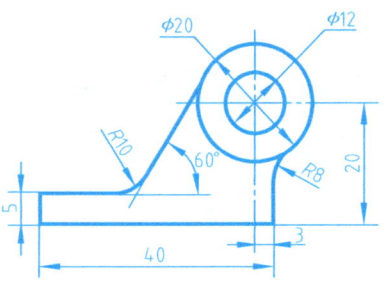

第二章 机械制图投影基础

2-1 点的投影（一）。

1. 作点 A (20, 10, 18) 的三面投影，并完成点 A 的轴测图。

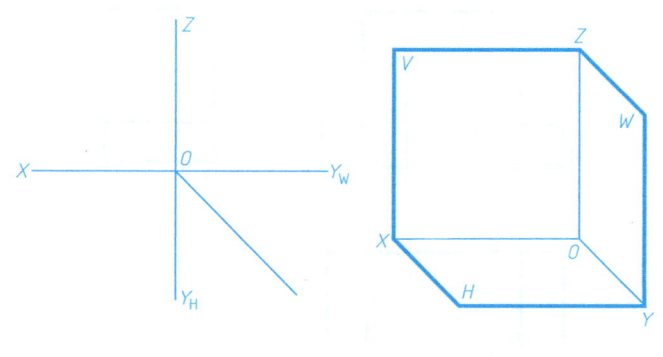

2. 已知点 B 距 H 面 25mm、距 V 面 15mm、距 W 面 20mm，试作出点 B 的三面投影。

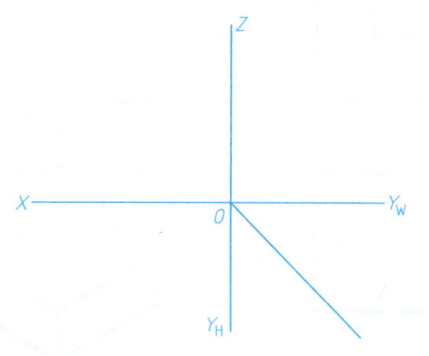

3. 根据 S、A、B、C 四点的三面投影写出各点的坐标值。

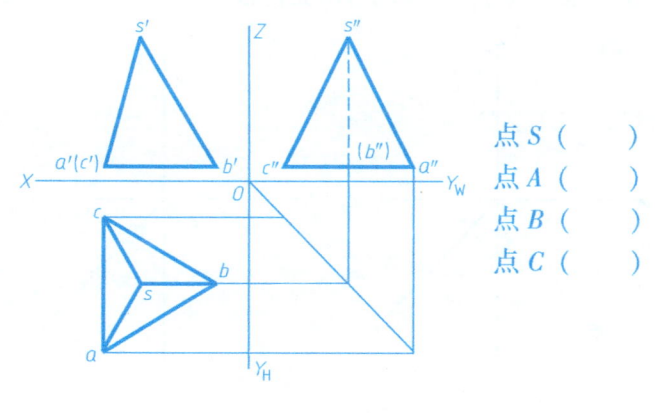

点 S （　　）
点 A （　　）
点 B （　　）
点 C （　　）

4. 已知点 A、点 B 的一面投影，又知点 A 在 W 面上，点 B 距 V 面 20mm，试完成点 A、点 B 的另两面投影。

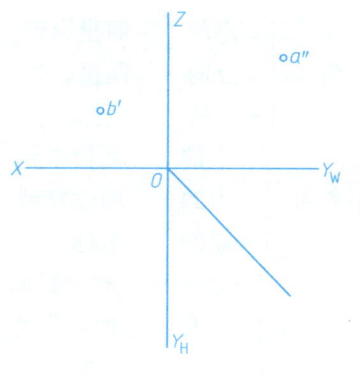

2-1 点的投影（二）。

5. 在三视图中标出 A、B、C 三点的三面投影。

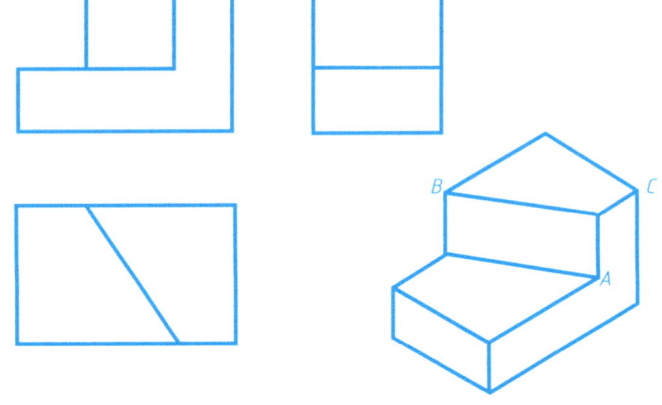

6. 已知物体上 A、B 点的两面投影，求第三面投影。

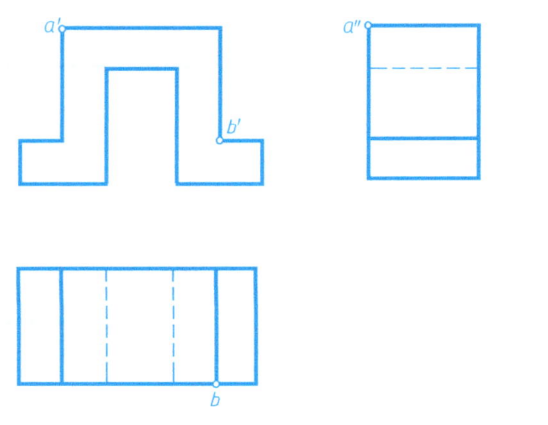

7. 填空

点的空间位置可由点的投影到投影轴的距离表示，也可以用直角坐标来表示，即

点 A 到 H 面的距离 Aa $\begin{cases} = 点的\_\_\_\_面投影到\_\_\_\_轴的距离； \\ = 点的\_\_\_\_面投影到\_\_\_\_轴的距离； \\ = 点的\_\_\_\_坐标。 \end{cases}$

点 A 到 V 面的距离 Aa' $\begin{cases} = 点的\_\_\_\_面投影到\_\_\_\_轴的距离； \\ = 点的\_\_\_\_面投影到\_\_\_\_轴的距离； \\ = 点的\_\_\_\_坐标。 \end{cases}$

点 A 到 W 面的距离 Aa'' $\begin{cases} = 点的\_\_\_\_面投影到\_\_\_\_轴的距离； \\ = 点的\_\_\_\_面投影到\_\_\_\_轴的距离； \\ = 点的\_\_\_\_坐标。 \end{cases}$

8. 已知点 A、点 B 的一面投影，又知点 A 距 H 面为 20mm，点 B 在 V 面上，求作点 A、点 B 的另两面投影。

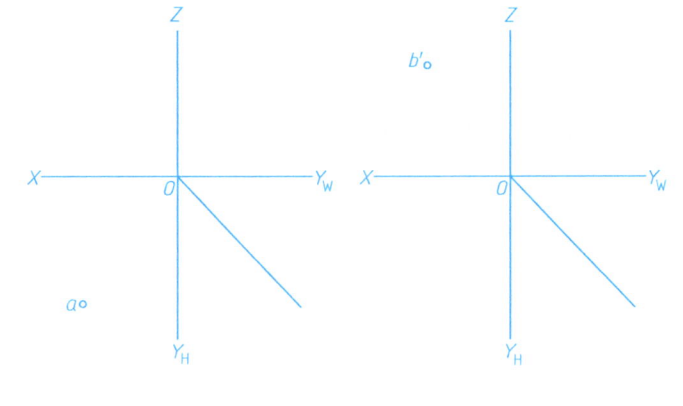

2-2 直线的投影（一）。

1. 已知直线 AB 的 B 端坐标为 (35，14，6)，A 端的三面投影如下图，试完成直线 AB 的投影图和轴测图。

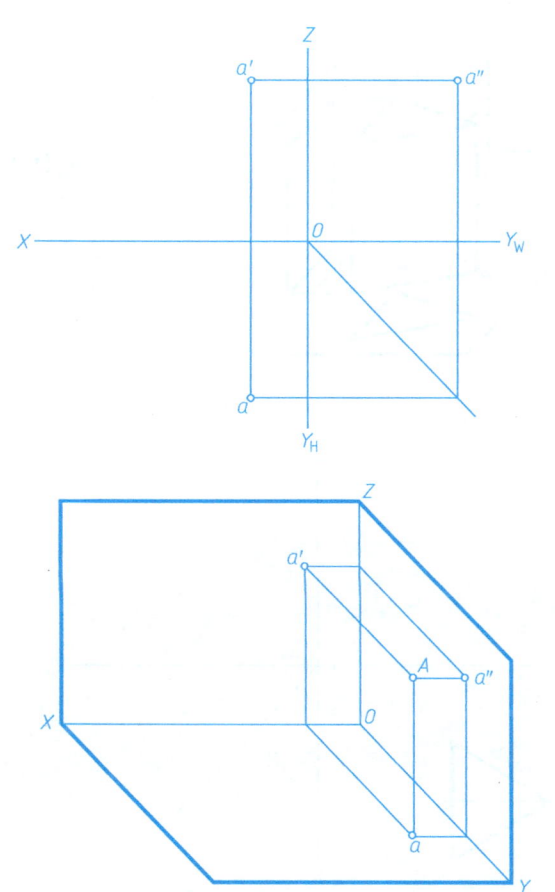

2. 试作图判别点 M 是否属于正五棱锥的棱线 SA？又已知点 N 属于棱线 SA，试根据 n 求作 n'、n"。

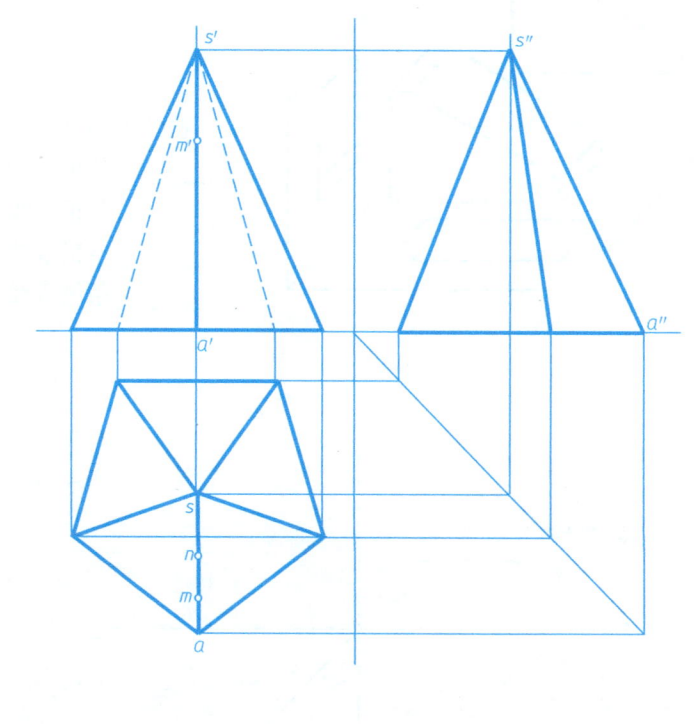

答：点 M _____ SA。

2-2 直线的投影（二）。

3. 在轴测图中，画出物体上各点与其三面投影的连线，并回答问题。然后在下图中画出其一条正平线的三面投影图。

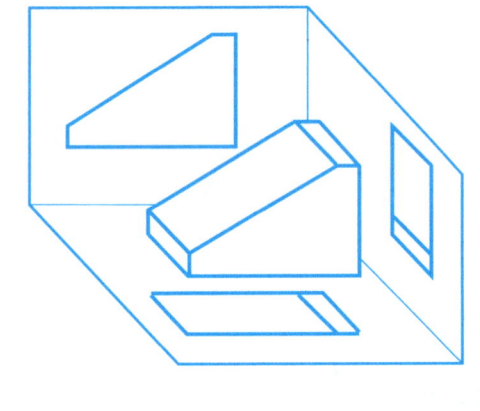

物体上共有：
_____条正垂线。
_____条正平线。
_____条铅垂线。
_____条侧垂线。

4. 在轴测图中，画出铅垂线 AB 的三面投影，补全正三棱柱的投影，并回答问题。在下图中补画正三棱柱的主视图、左视图。

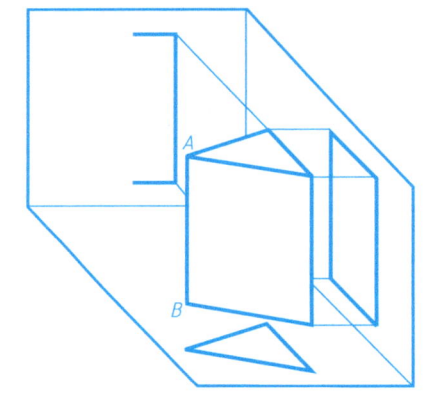

物体上共有：
2 条_____线。
3 条_____线。
4 条_____线。

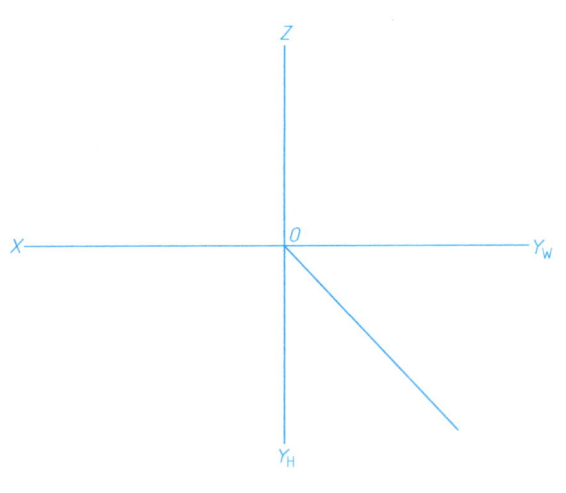

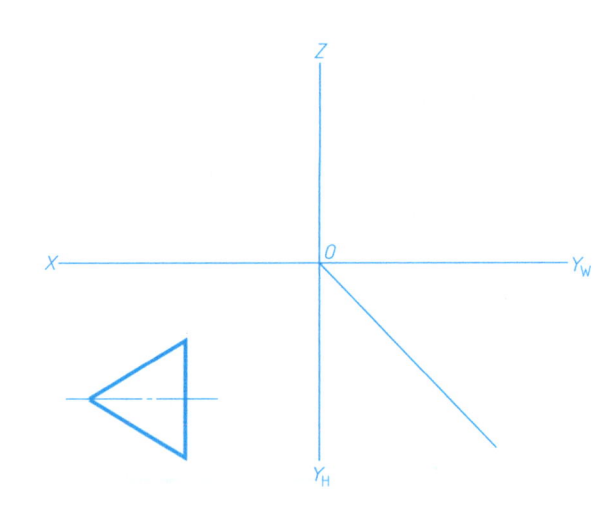

2-3 平面的投影。

1. 被切几何体的左端面为正垂面，试完成该形体的 H 面投影。

2. 被切"L"形棱柱前端面为一侧垂面，试完成该棱柱的 H 面投影。

3. 被切正四棱柱的左端面为一铅垂面，试完成该棱柱的 V 面投影。

4. 被切"工"字形棱柱的左端面为一正垂面，试完成该棱柱的 H 面投影。

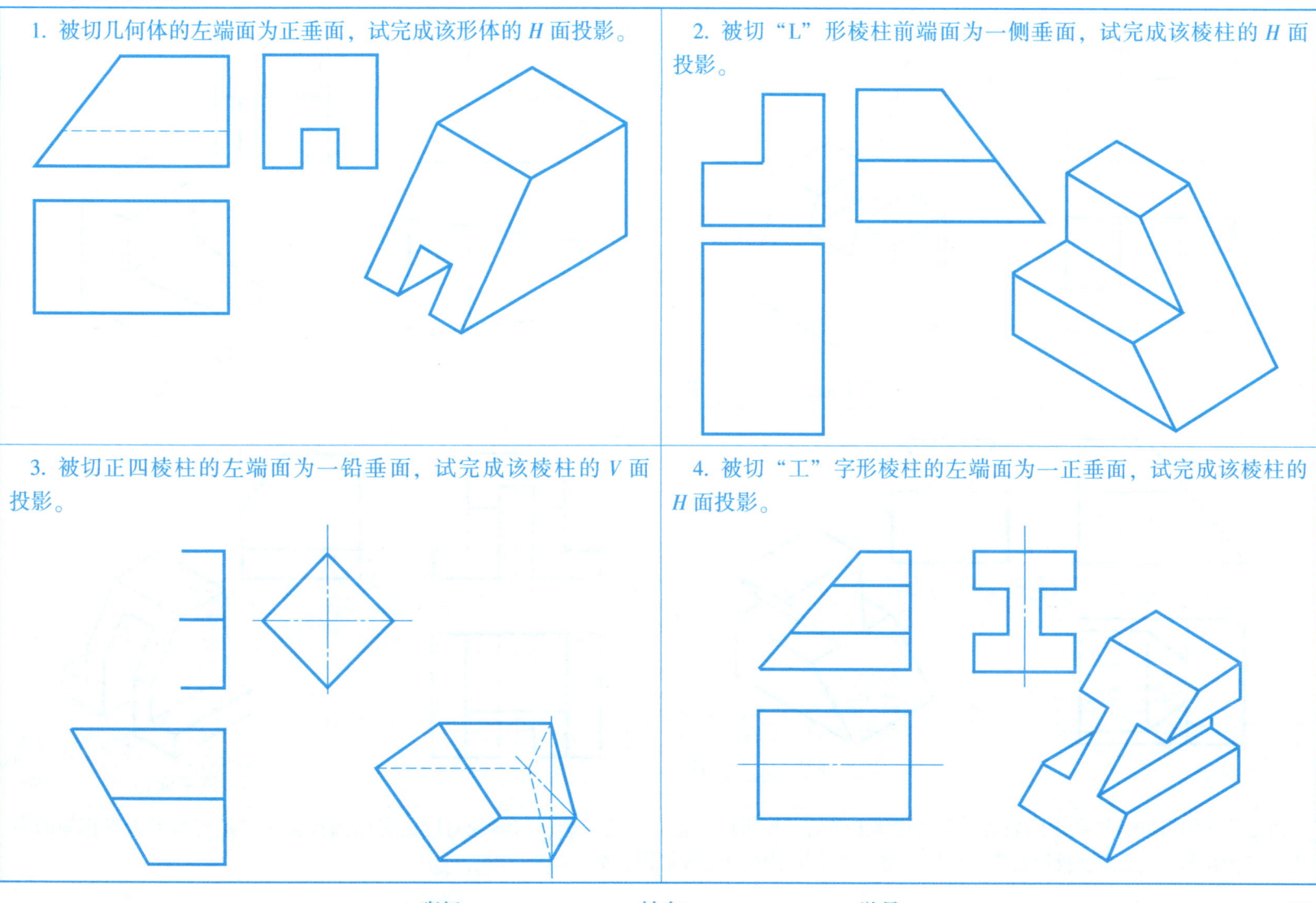

2-4 从视图中给出的斜线 I 出发，在另两视图中找出对应投影（将其三投影和轴测图中的相应表面涂色），并说明其空间位置。

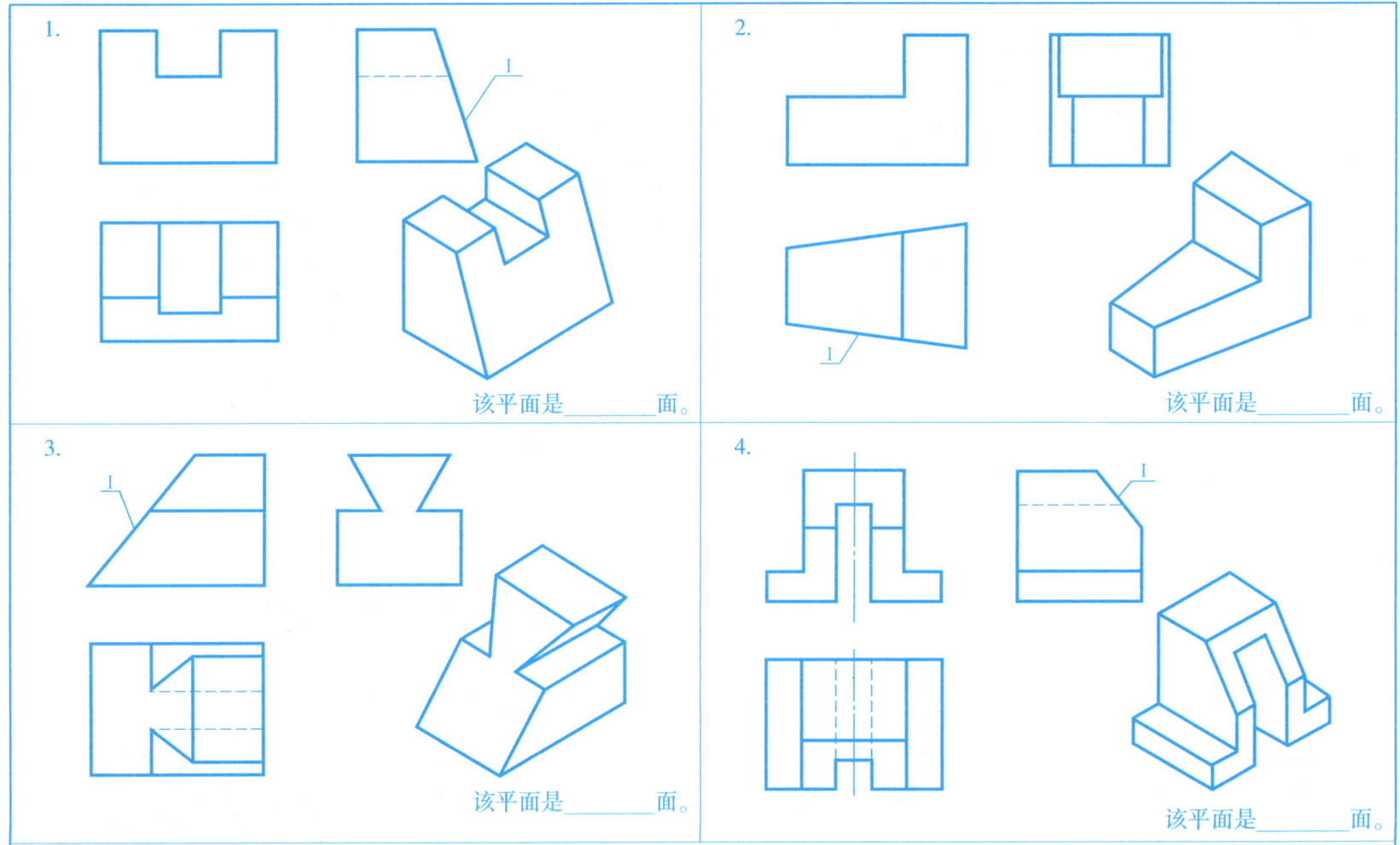

1. 该平面是_____面。
2. 该平面是_____面。
3. 该平面是_____面。
4. 该平面是_____面。

由上述作图可知，视图中的斜线一般是物体上斜面（投影面垂直面）的投影，与斜线对应的另两面投影一定是与原形边数相等的多边形（类似形）。掌握该投影特性对读图有益，对读切割体的视图尤其重要。

2-5 试在投影图上标出指定平面的其他两个投影，并在轴测图上用相应的大写字母标出各平面的位置。

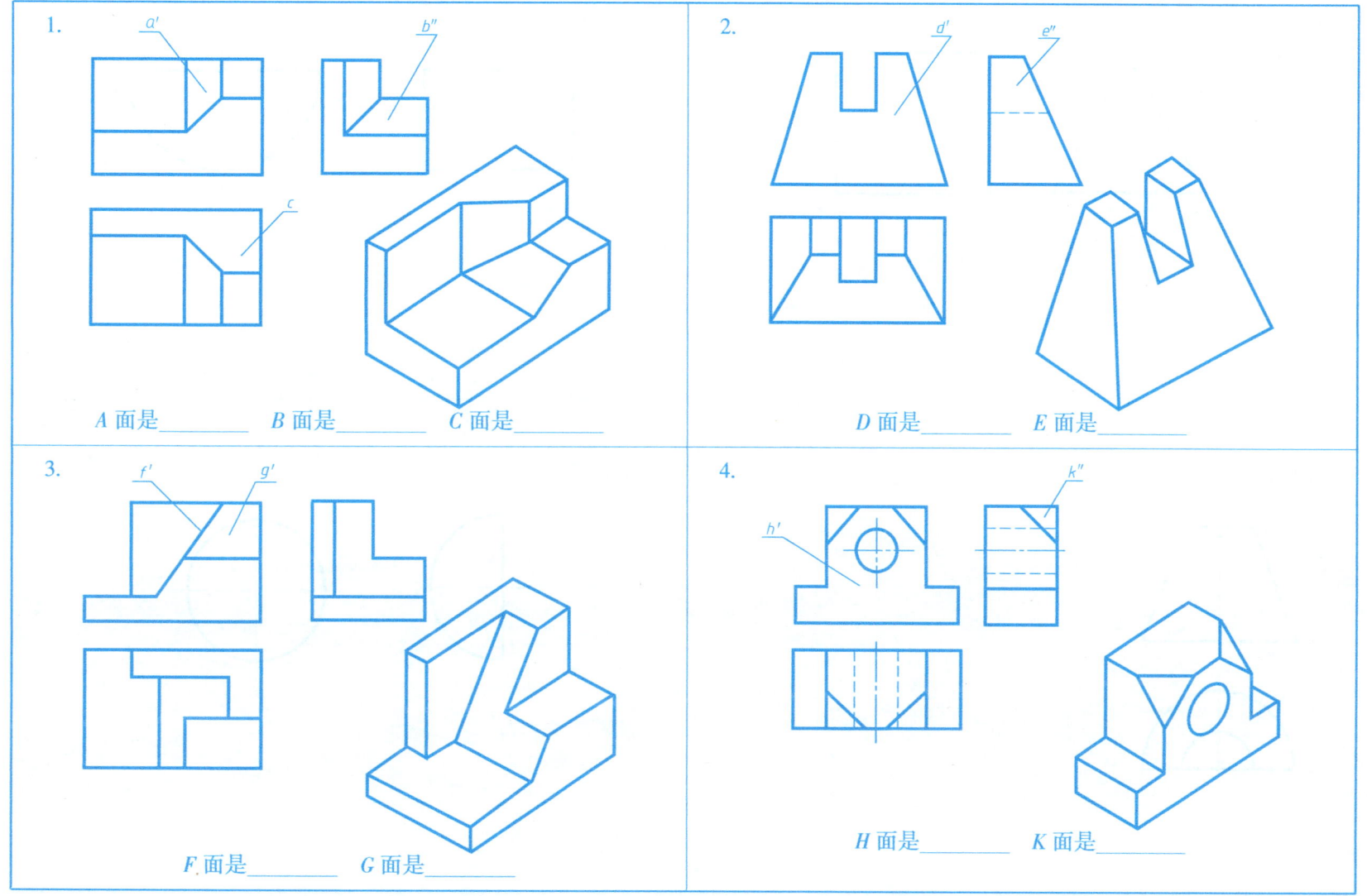

1. A 面是_____ B 面是_____ C 面是_____
2. D 面是_____ E 面是_____
3. F 面是_____ G 面是_____
4. H 面是_____ K 面是_____

2-6 补画几何体的第三视图。

1. 三棱柱。

2. 1/2 圆柱。

 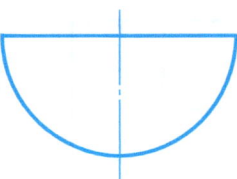

3. 1/2 圆台。

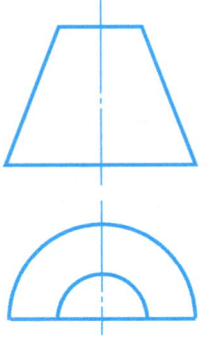

4. 1/2 球。

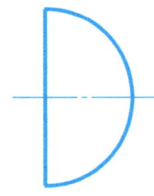 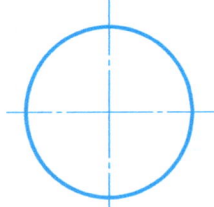

2-7 看懂几何体轴测图并画出几何体的第三视图,求画表面上的点其余两面投影。

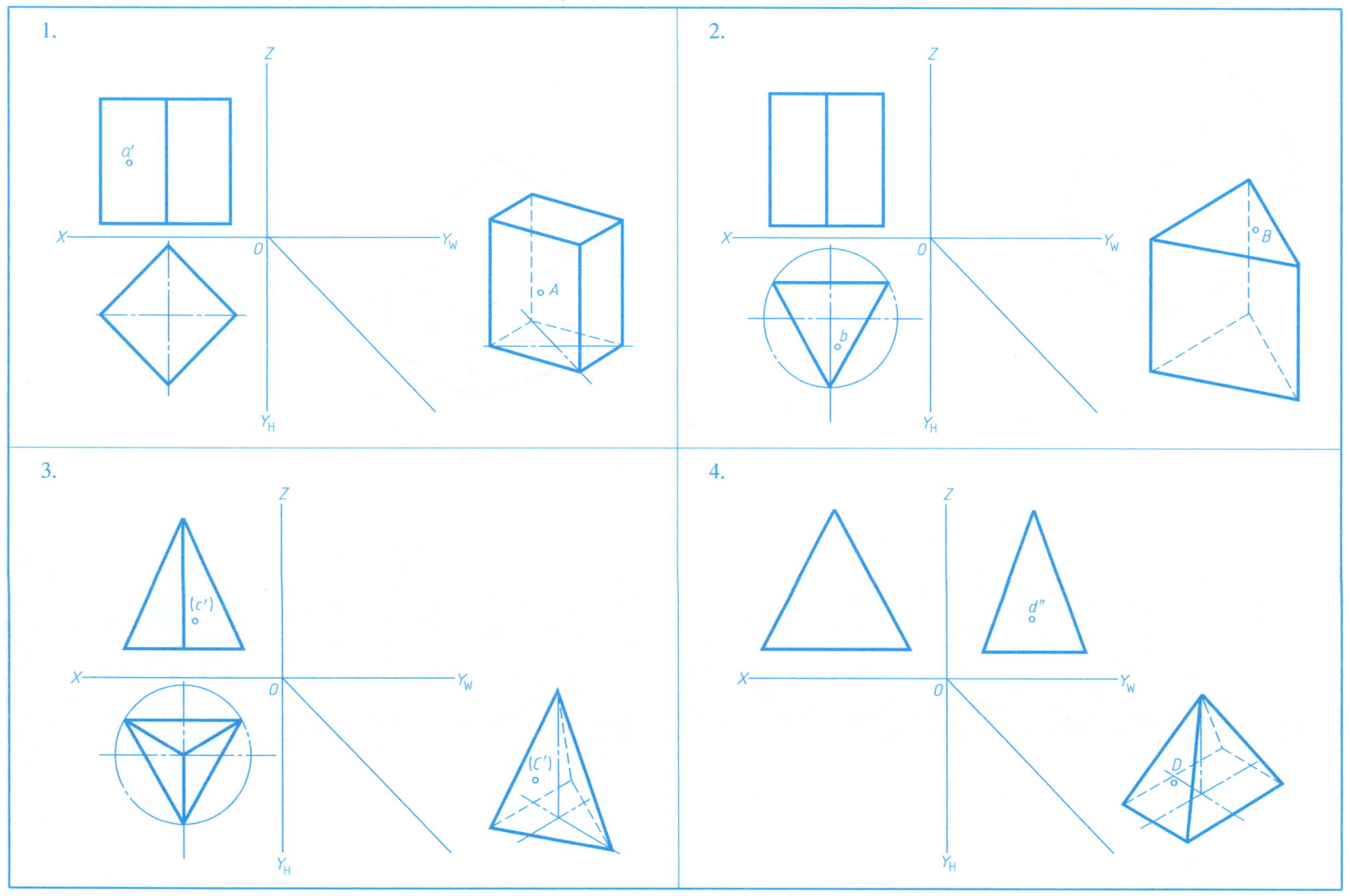

2-8 画平面立体的三视图，并标注尺寸。

1. 正六棱柱。

2. 四棱台。

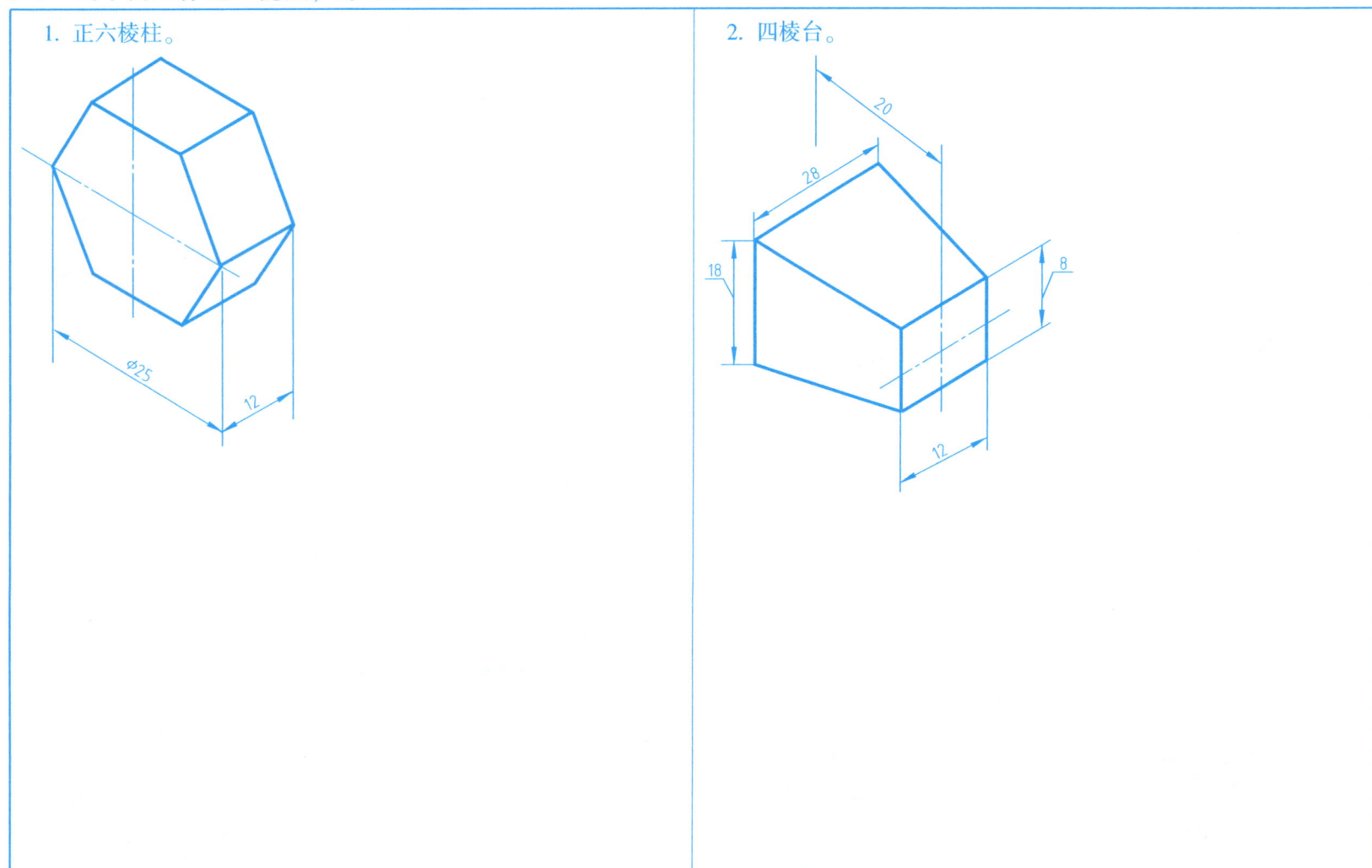

2-9 补画几何体的第三视图,并完成体表面上点的其余两面投影。

1. 三棱柱。

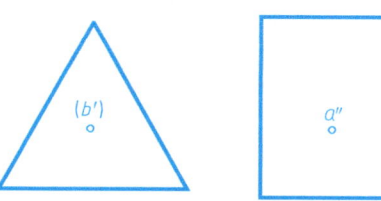

2. 1/2 圆柱。

 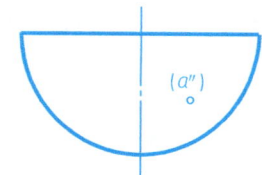

3. 1/2 圆台。

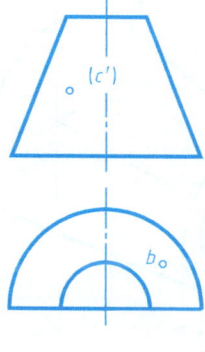

4. 1/2 球。

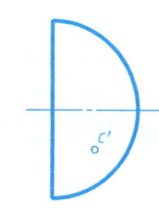 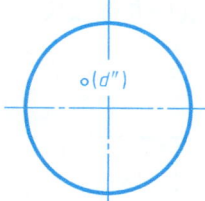

2-10 画回转体的三视图，并标注尺寸。

1. 已知圆柱的直径为 20mm，高为 25mm，且轴线垂直于 W 面，作 1/4 圆柱的三视图并标注尺寸。

2. 已知圆锥底圆直径为 20mm，高为 25mm，且轴线垂直于 V 面，作 1/4 圆锥的三视图并标注尺寸。

3. 根据轴测图画三视图。

2-11 根据主、俯视图，参照立体图，选择正确的左视图（一）。

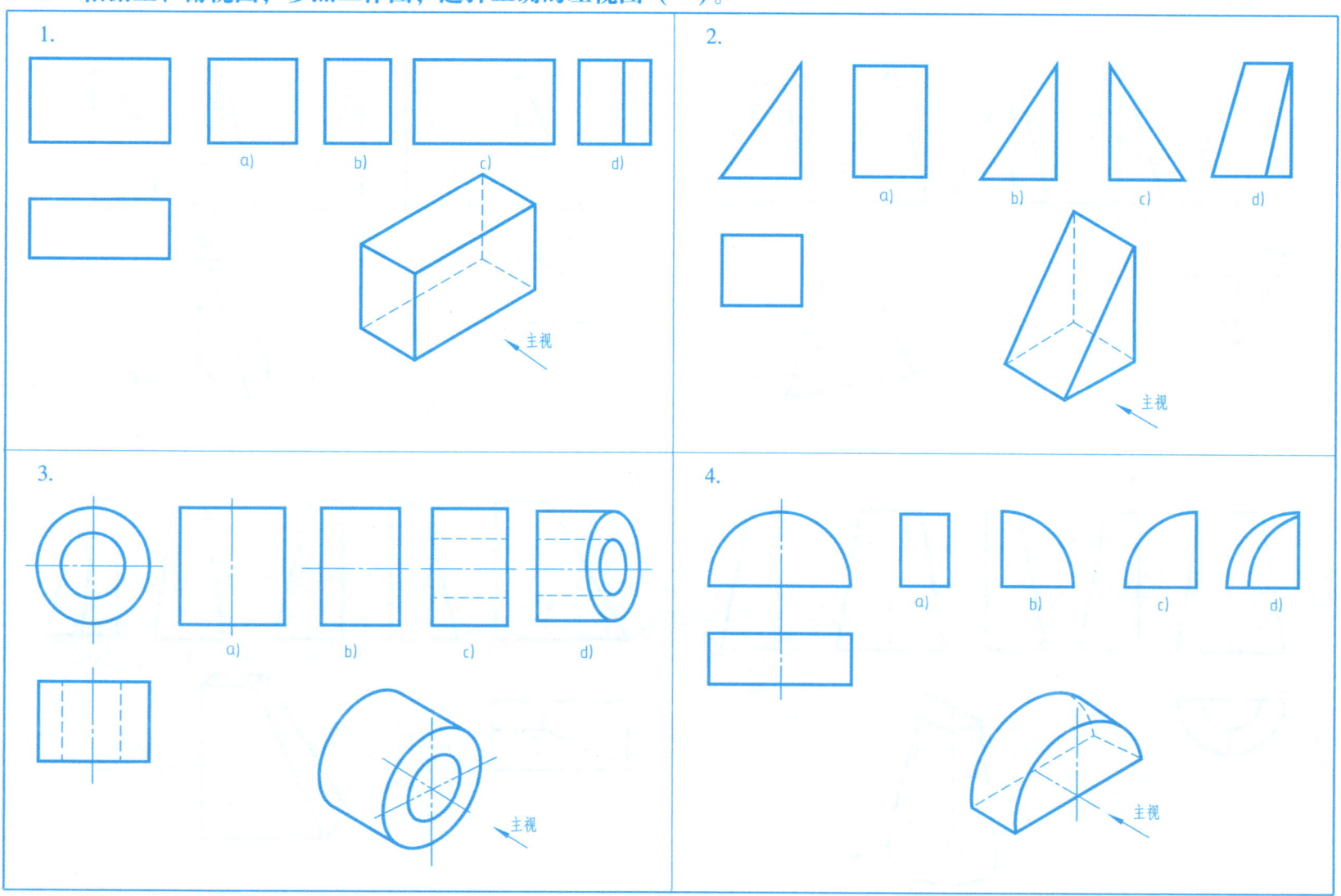

2-11 根据主、俯视图，参照立体图，选择正确的左视图（二）。

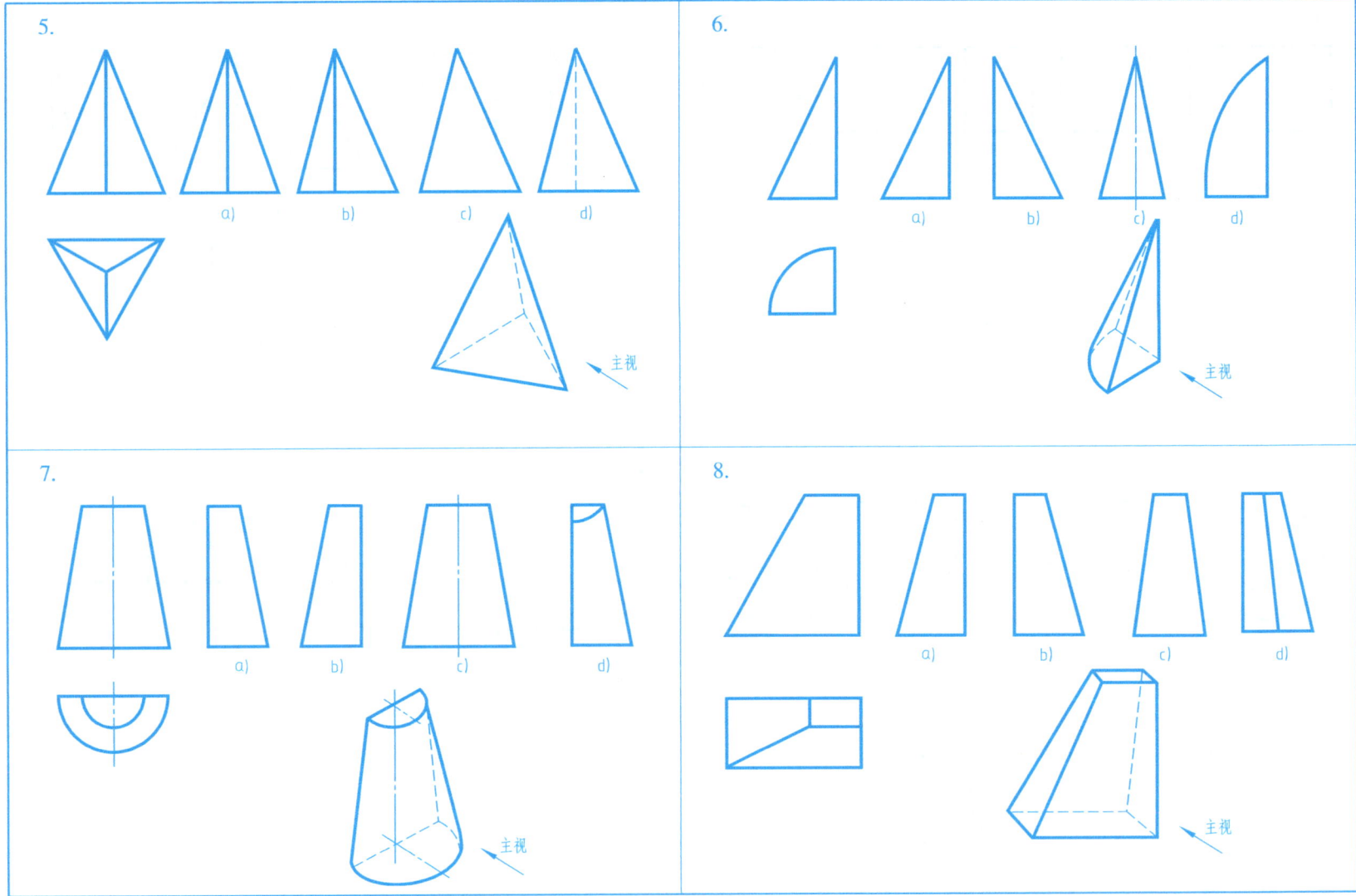

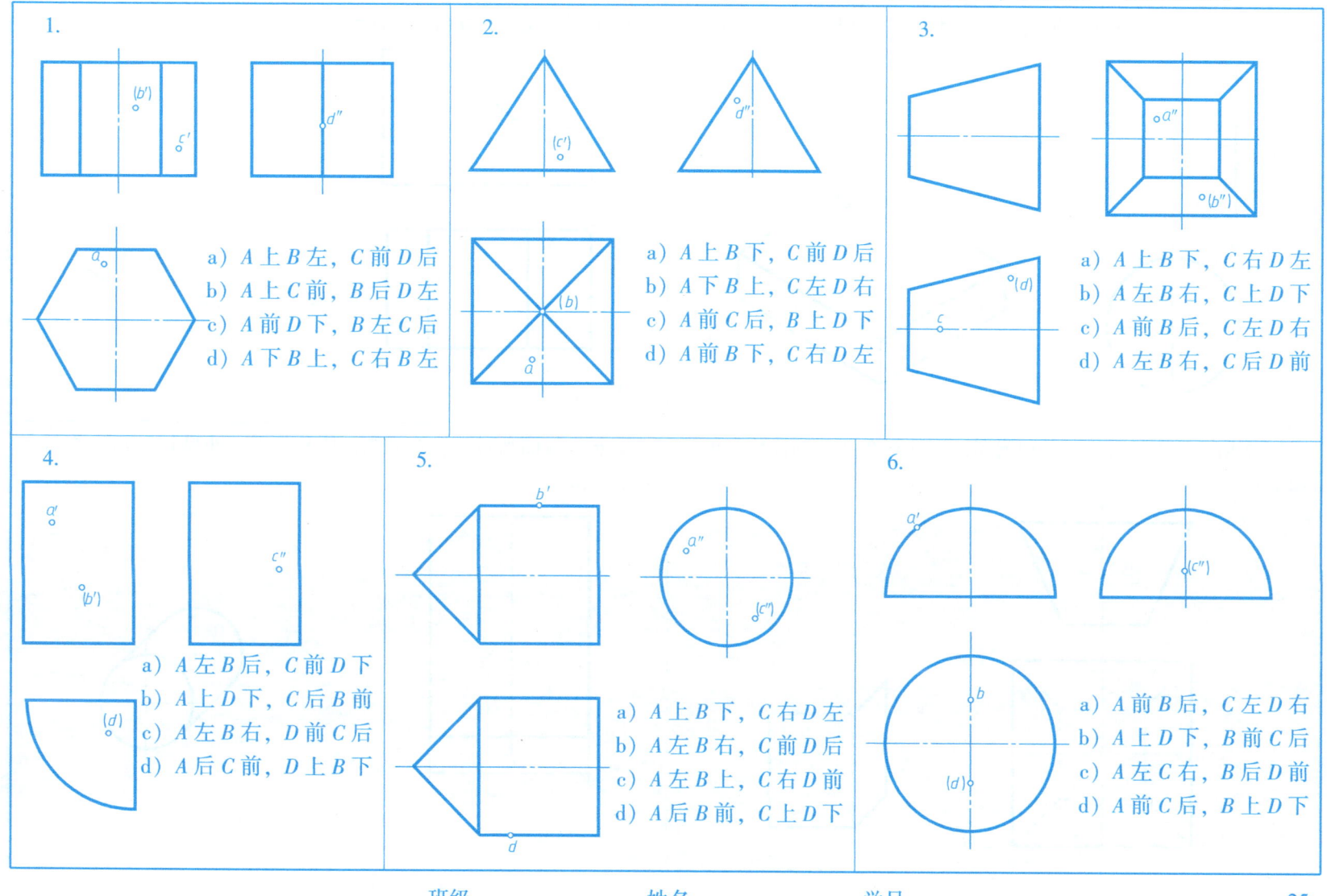

2-13 几何体的轴测图。

1. 根据两视图，画正等轴测图，使其立在"四棱柱"的正中。

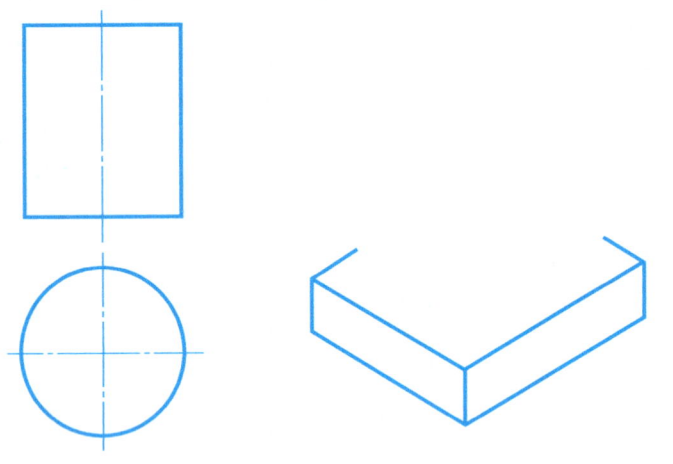

2. 根据两视图，画斜二等轴测图。

 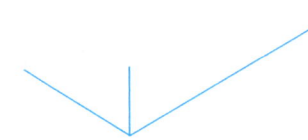

3. 根据两视图，画斜二等轴测图，使其立在"正四棱柱"的顶面上。

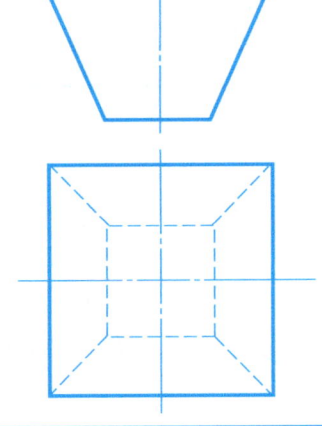 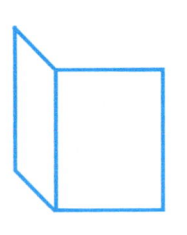

4. 根据视图画斜二等轴测图，使其位于"小圆柱"后，并与之同轴、相接。

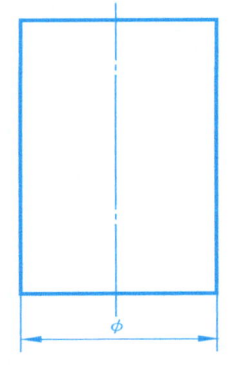 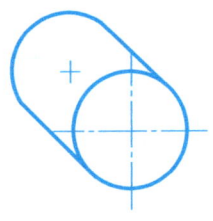

2-14 徒手画轴测图。

1. 根据主俯视图，徒手画正等轴测图和斜二等轴测图。

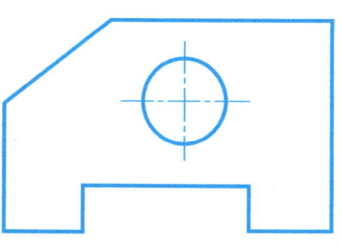

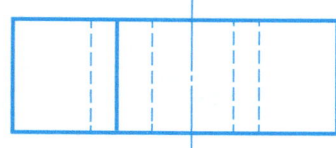

2. 根据主俯视图，徒手画正等轴测图和斜二等轴测图。

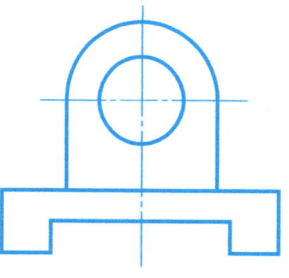

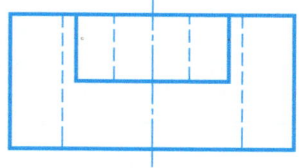

第三章　几何体表面的交线

3-1 截交线练习。根据截断体的两视图完成第三视图（一）。

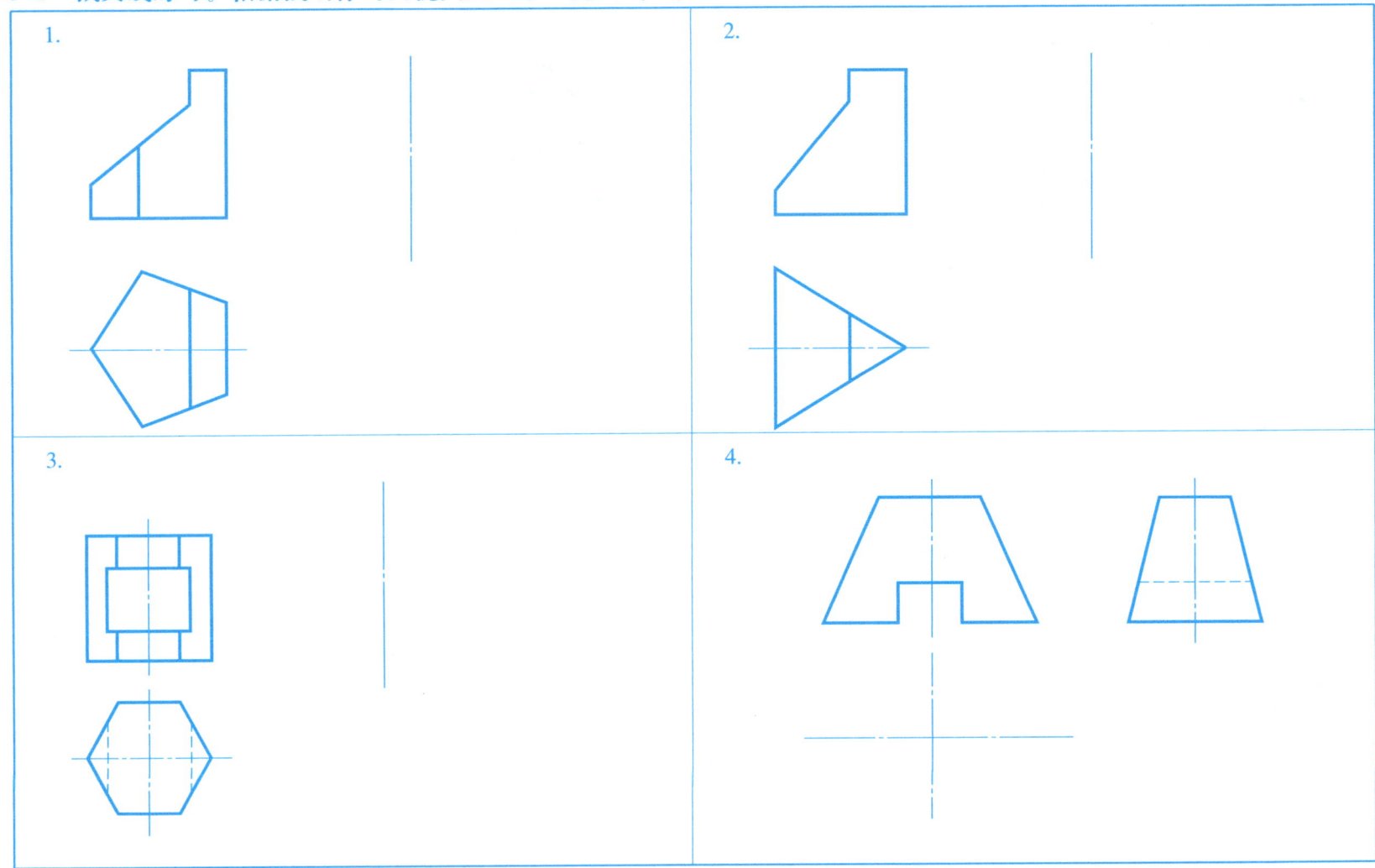

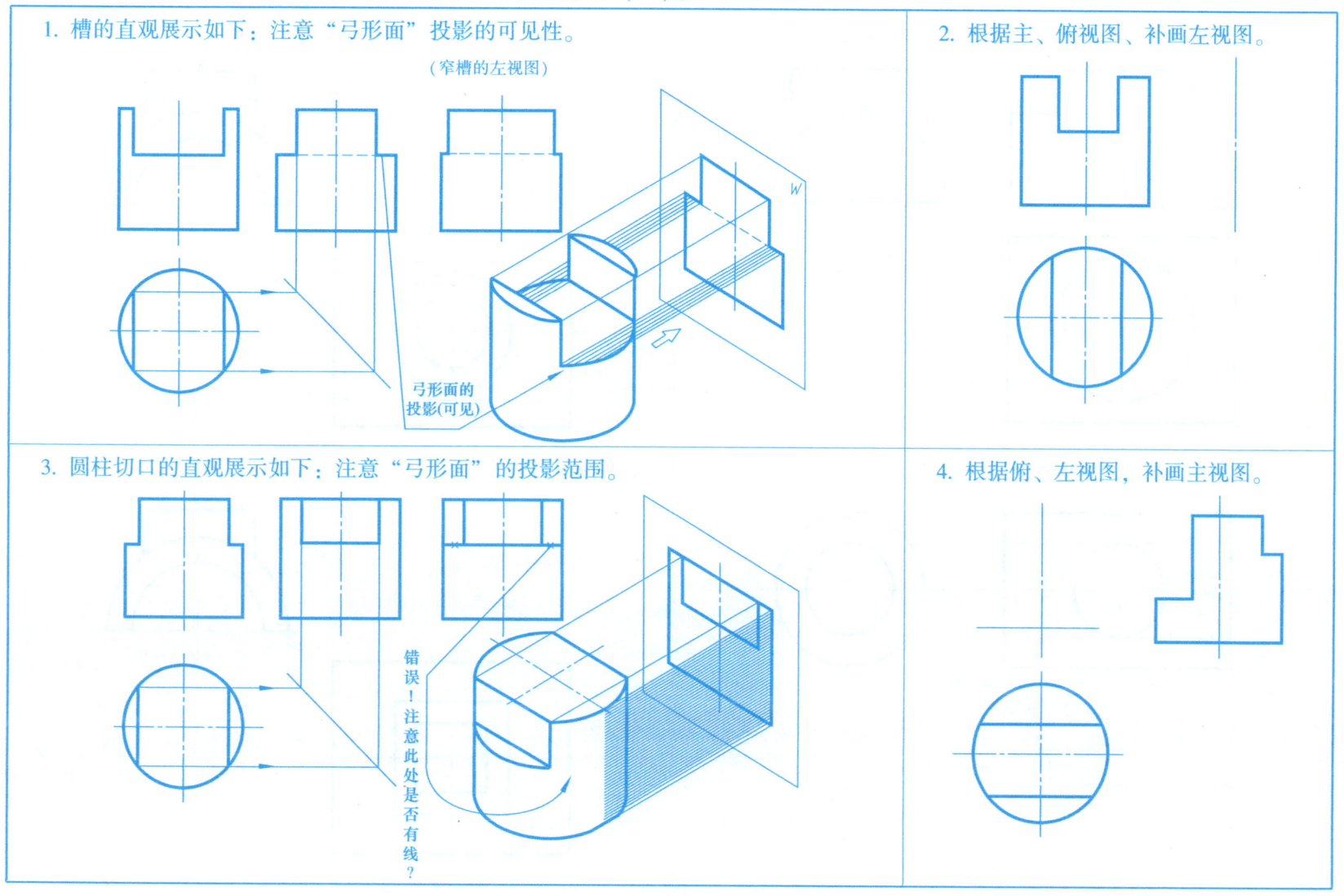

3-2　**相贯线练习（一）**。

1. 求作正交两圆柱体的表面交线（用表面取点法）。

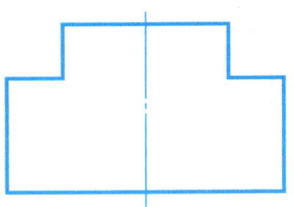
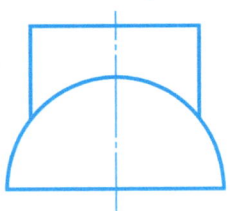
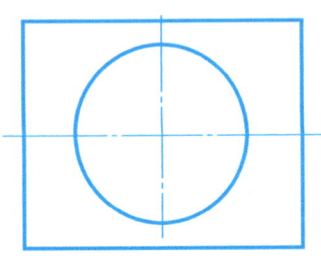

2. 补画主视图（用简化画法）。

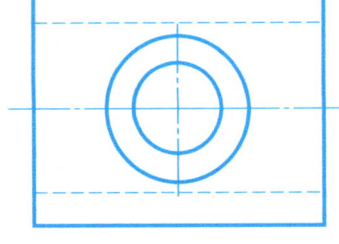

3. 补画俯视图（用简化画法）。

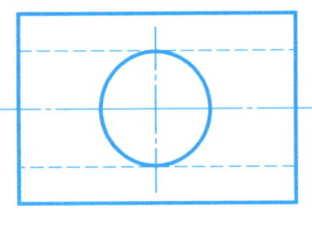
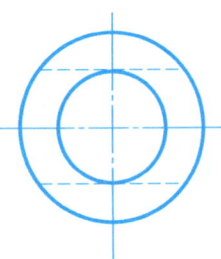

4. 补画主视图。

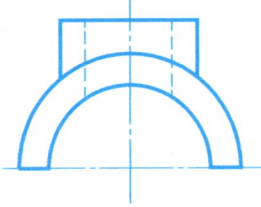
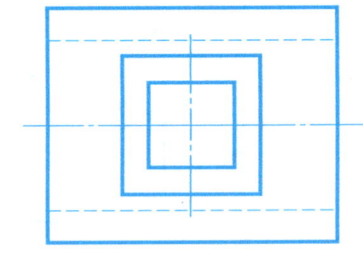

3-2 相贯线练习（二）。

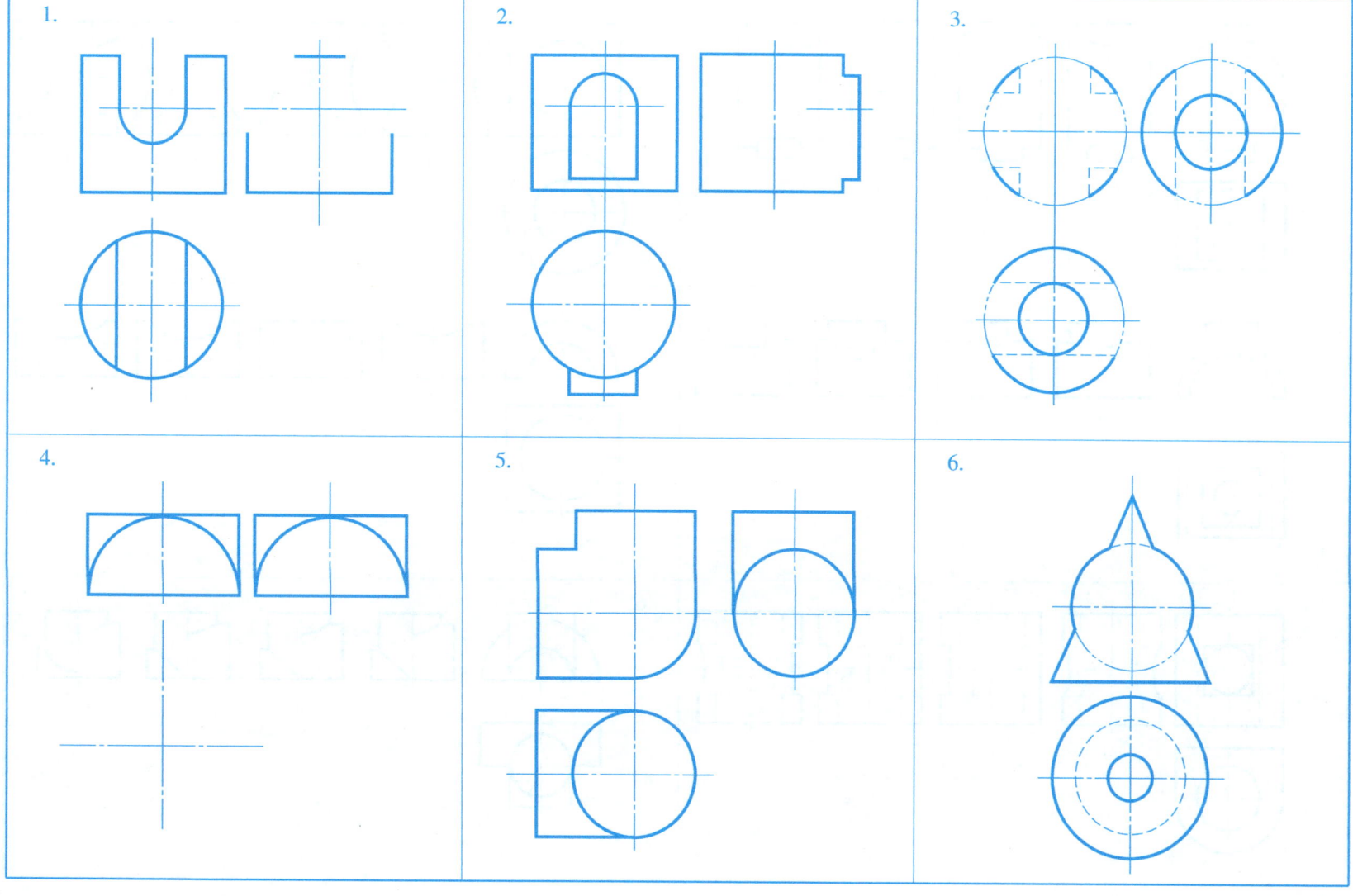

3-3 根据相贯体的主、俯视图，选择正确的左视图。

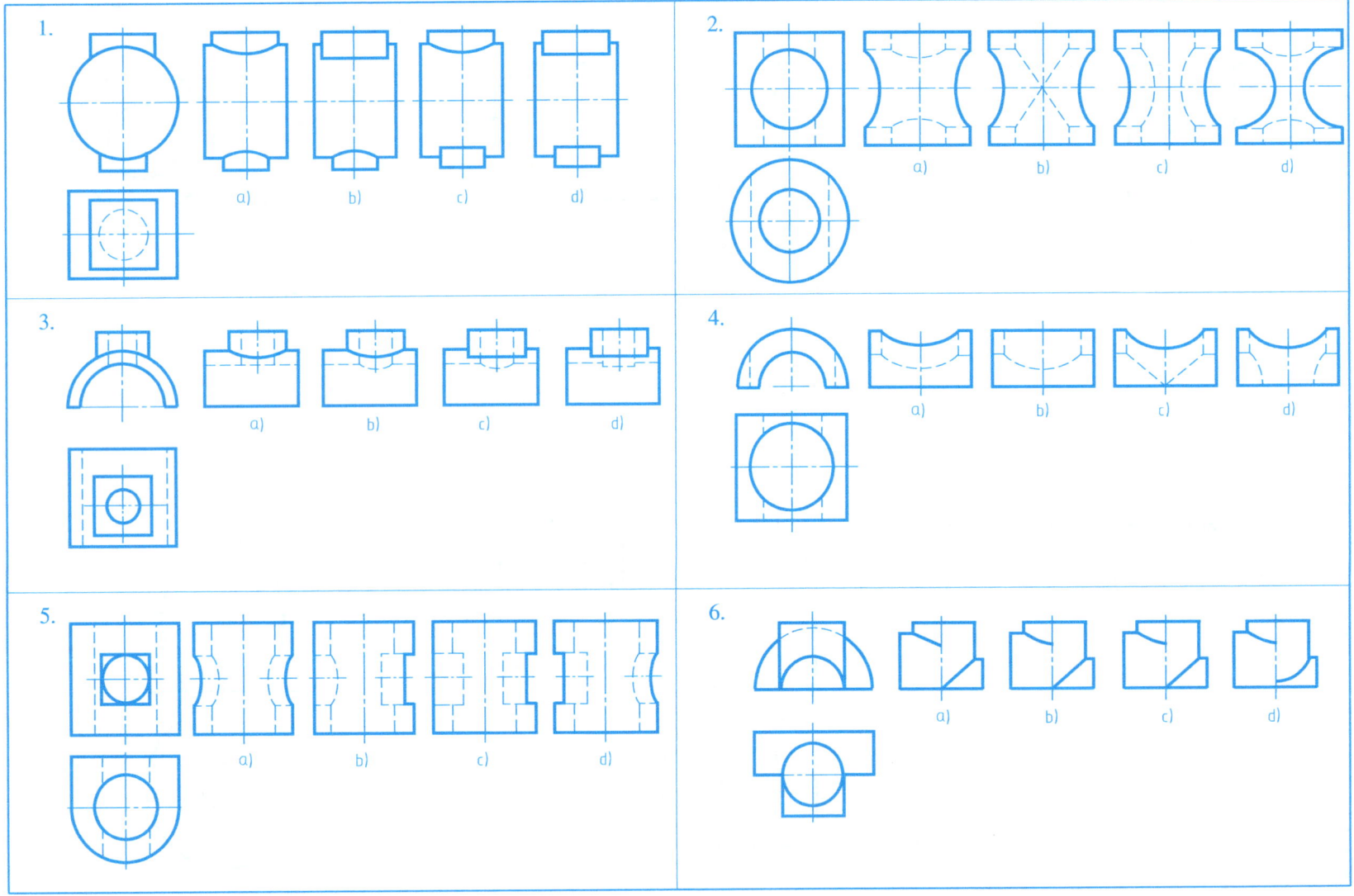

第四章 组合体

4-1 观察各组合体的轴测图,找出与其相对应的视图,在视图的空圈内填写对应的序号。

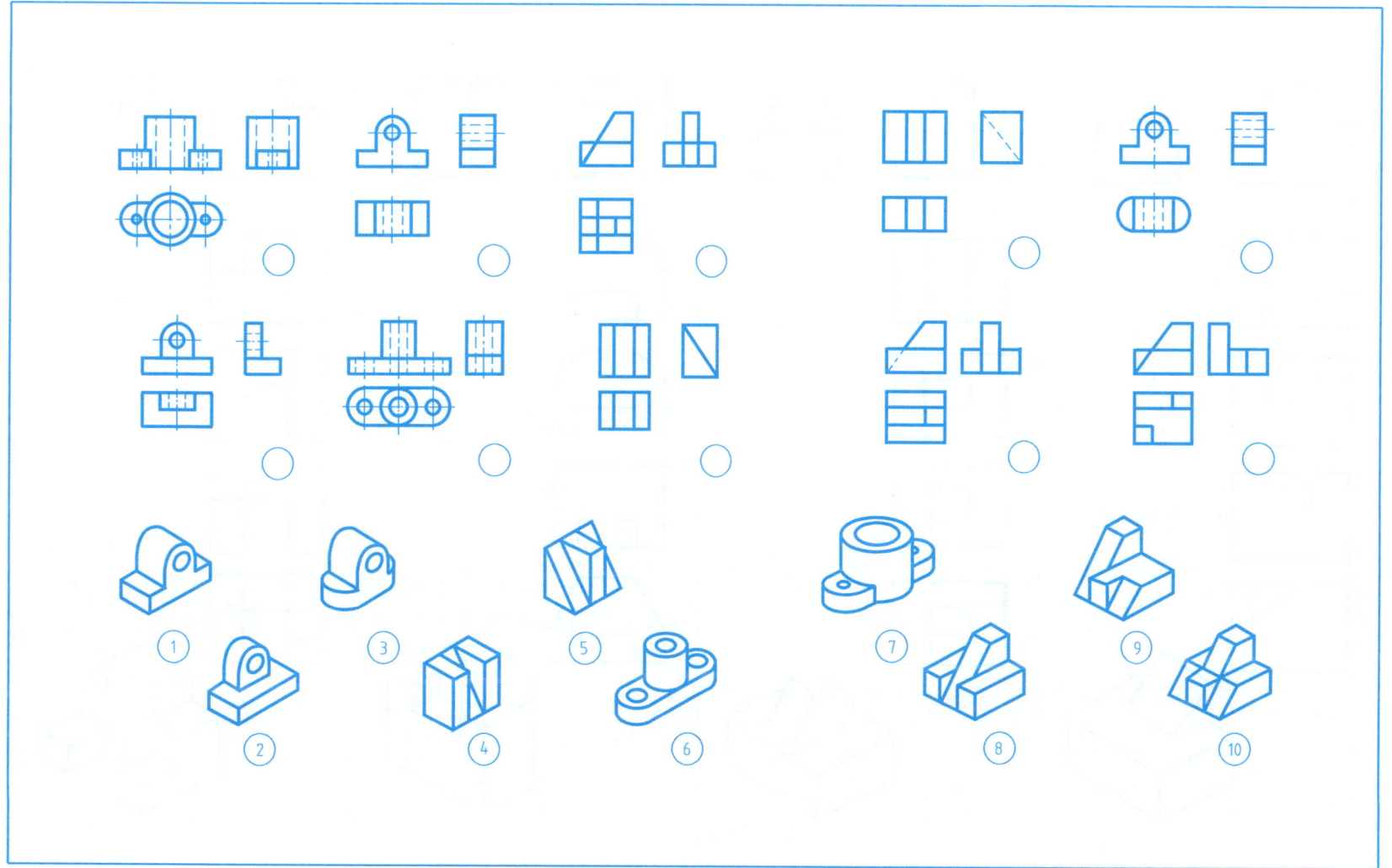

4-2 选择正确的俯视图。根据主、左视图,并参照立体图,选择正确的俯视图(一)。

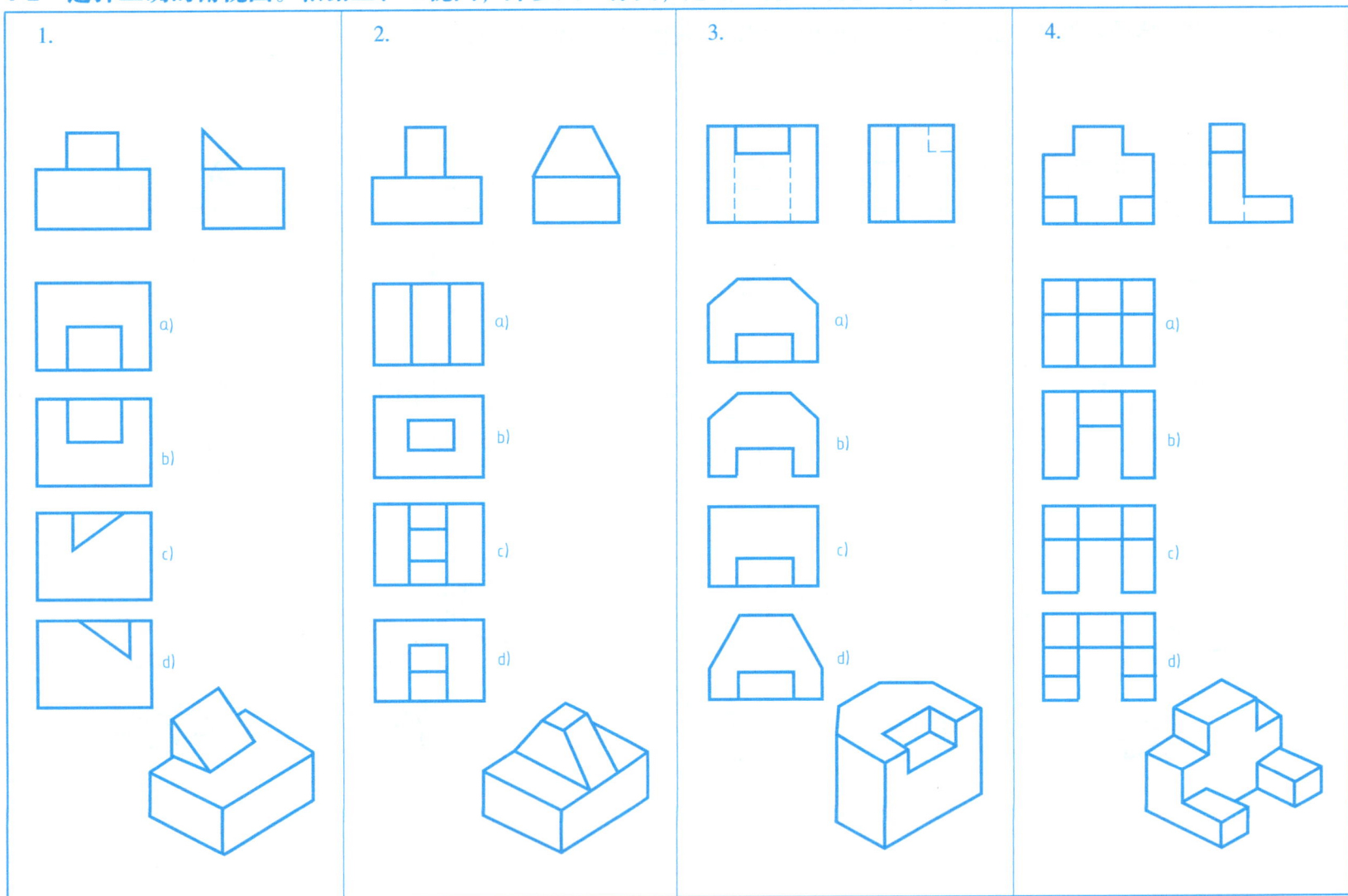

4-2 选择正确的俯视图。根据主、左视图,并参照立体图,选择正确的俯视图(二)。

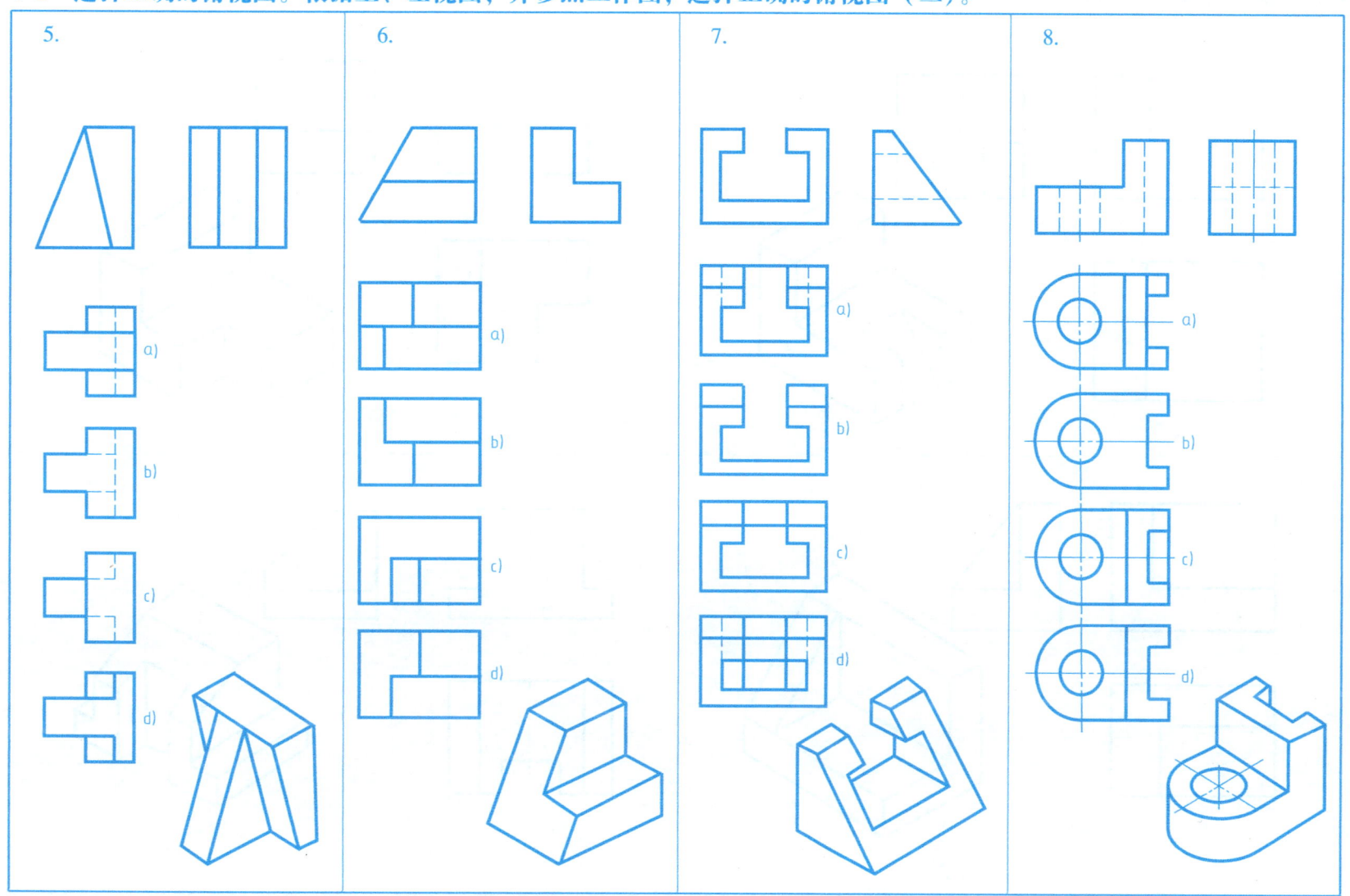

4-3 参照轴测图，补画视图中所缺的图线。

1.

2.

3.

4.

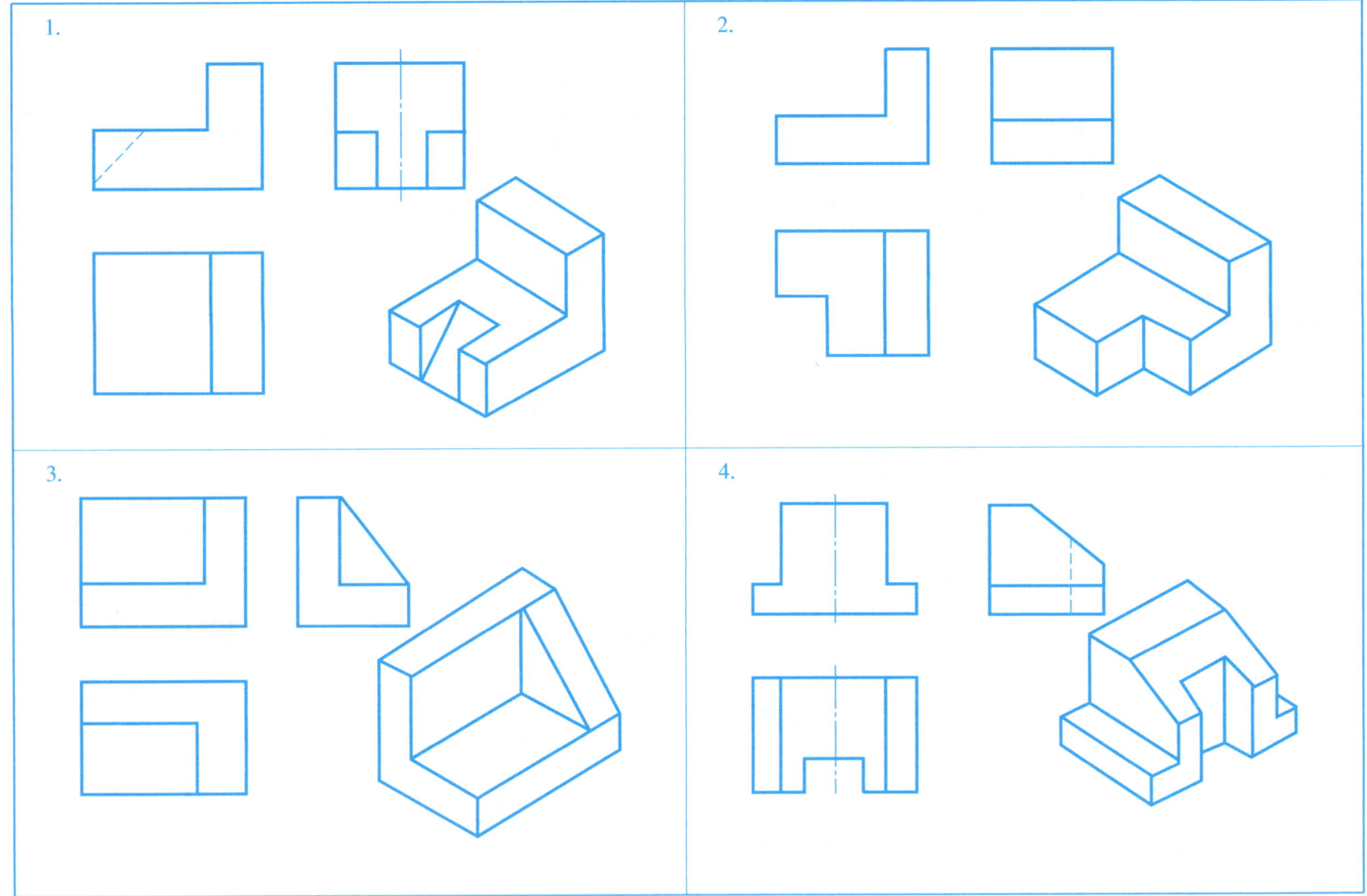

36 班级 姓名 学号

4-4 组合体练习。根据轴测图补全三视图。

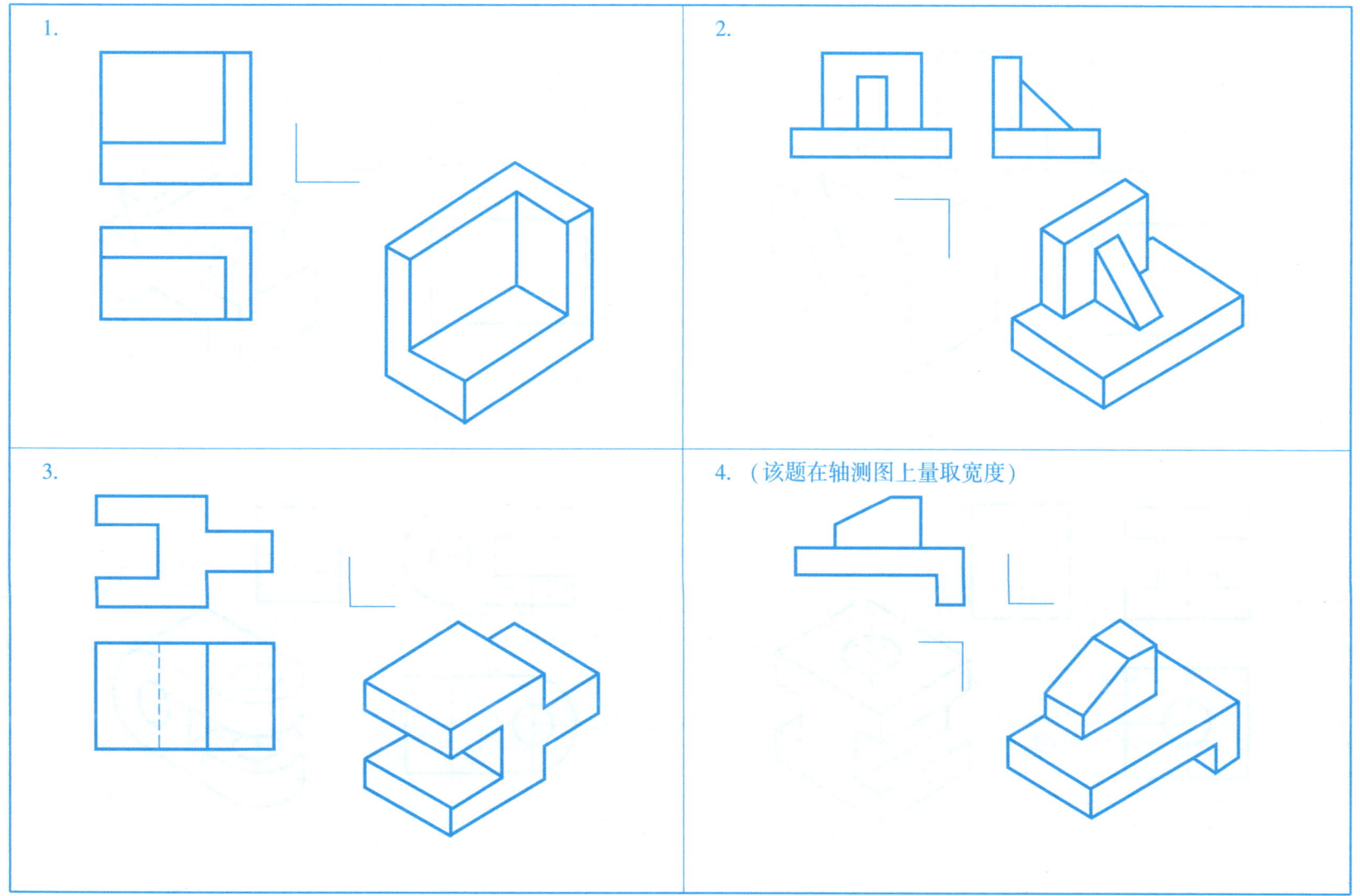

1.

2.

3.

4. （该题在轴测图上量取宽度）

4-5 参照轴测图，补画视图中所缺的图线。

1.

2.

3.

4.

4-6 看懂三视图，补出视图中的漏线。

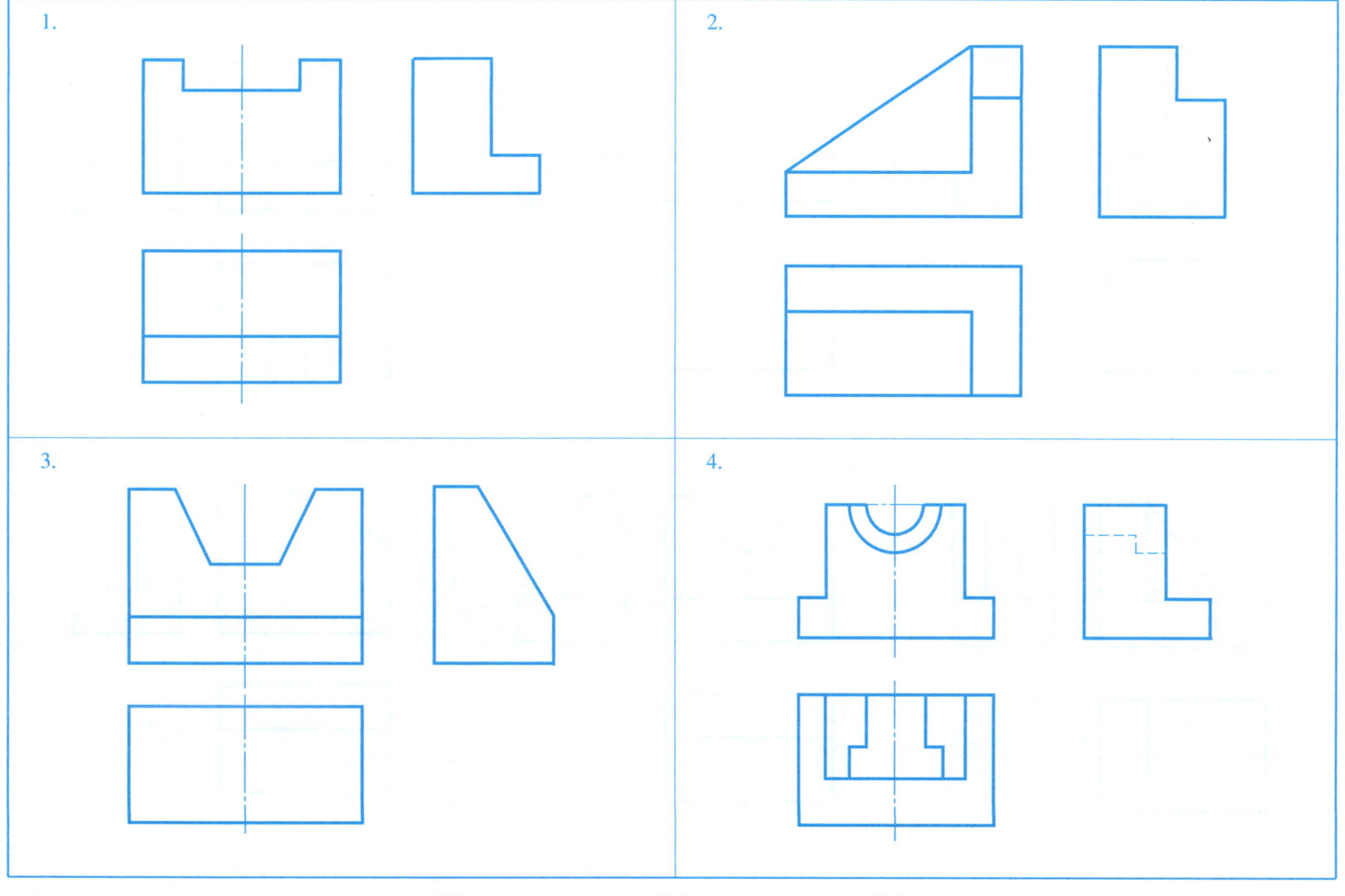

4-7 看视图想出物体形状，补画视图中所缺的图线。

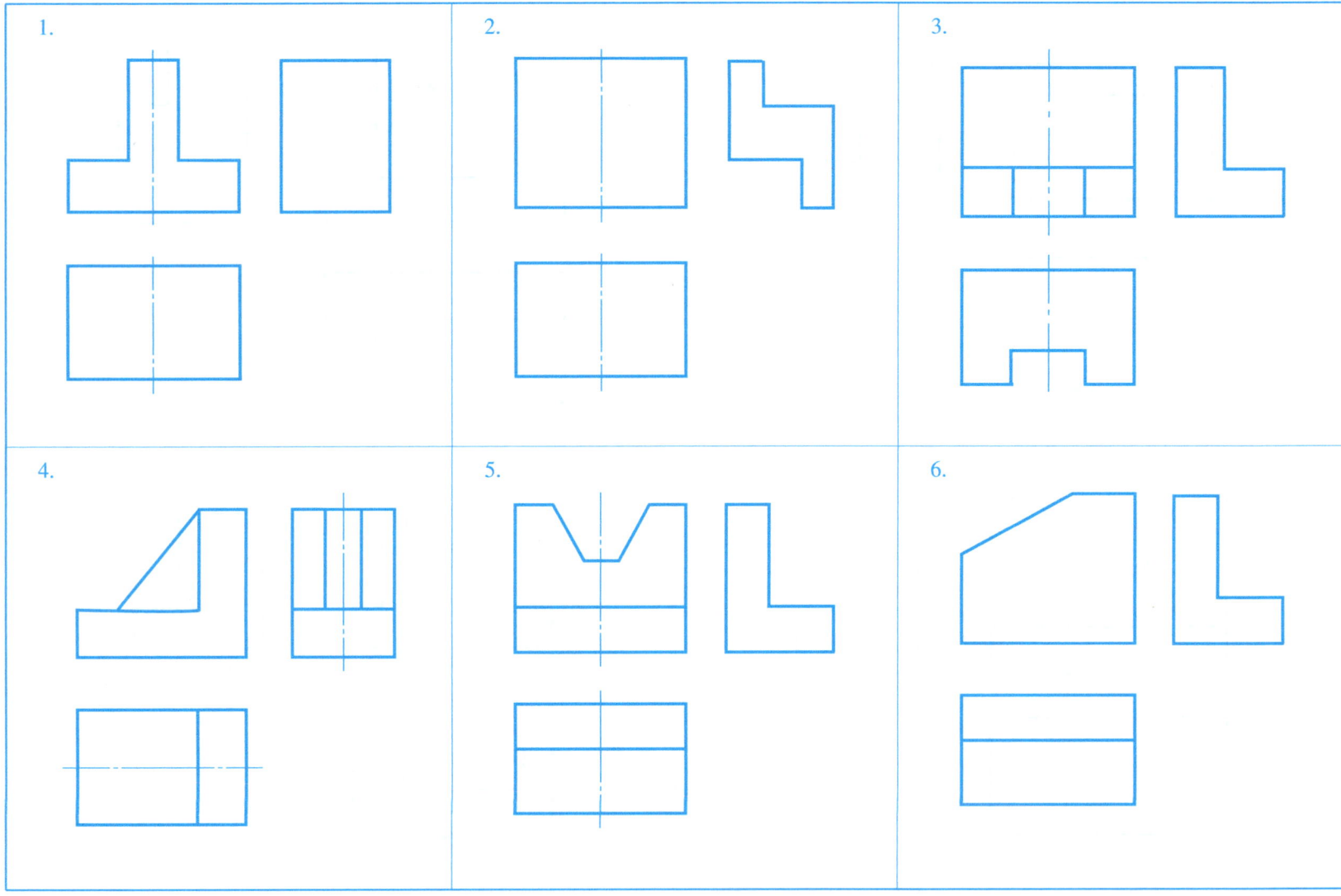

4-8 分析下列三视图，辨认其相应的轴测图，并在空圈内填入相应三视图的编号。

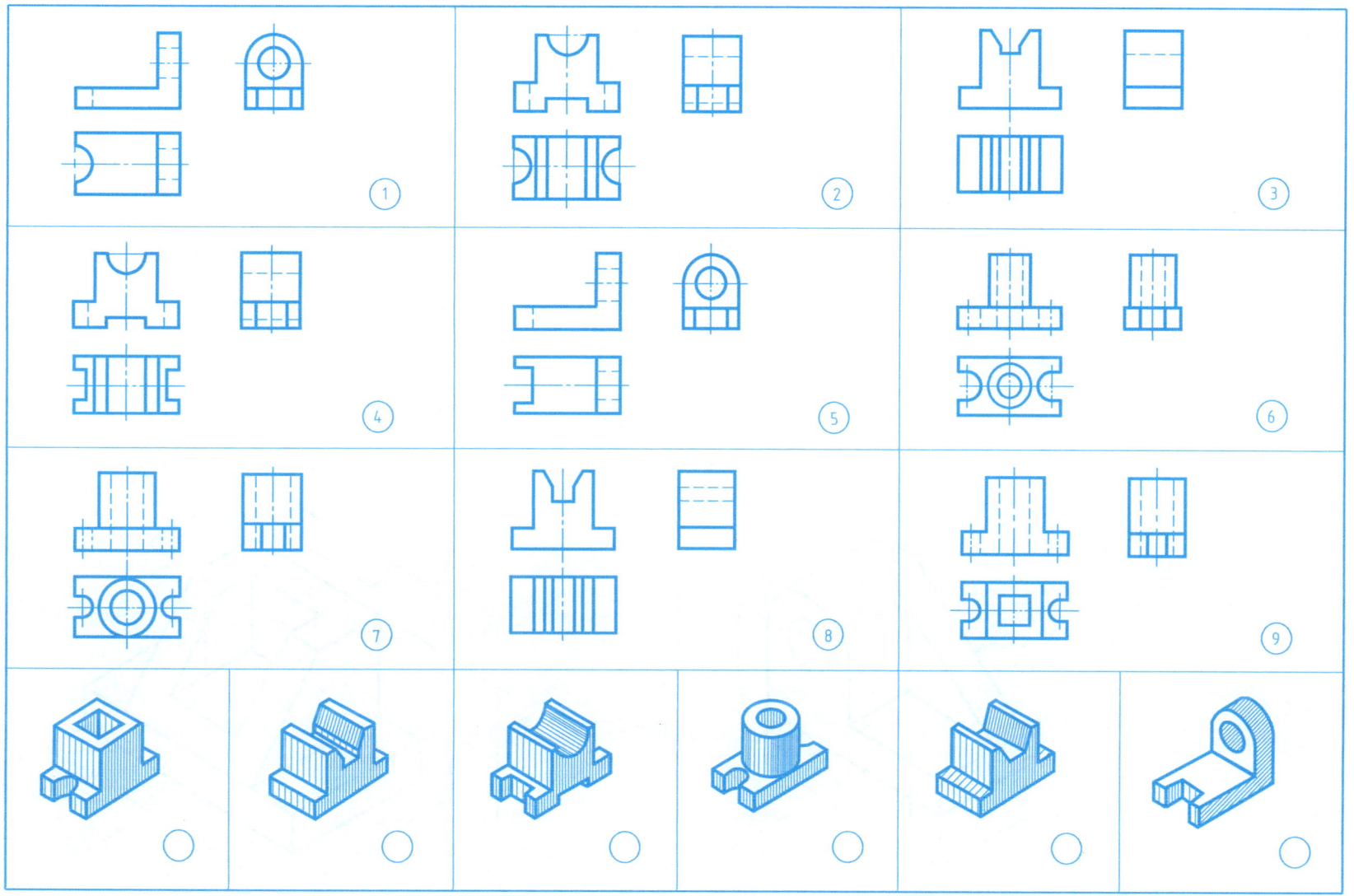

4-9 组合体练习。由轴测图画组合体三视图（比例 1:1）。

1.

2.

42　　　　　　　　　　　班级　　　　　　姓名　　　　　　学号

4-10 尺寸练习。

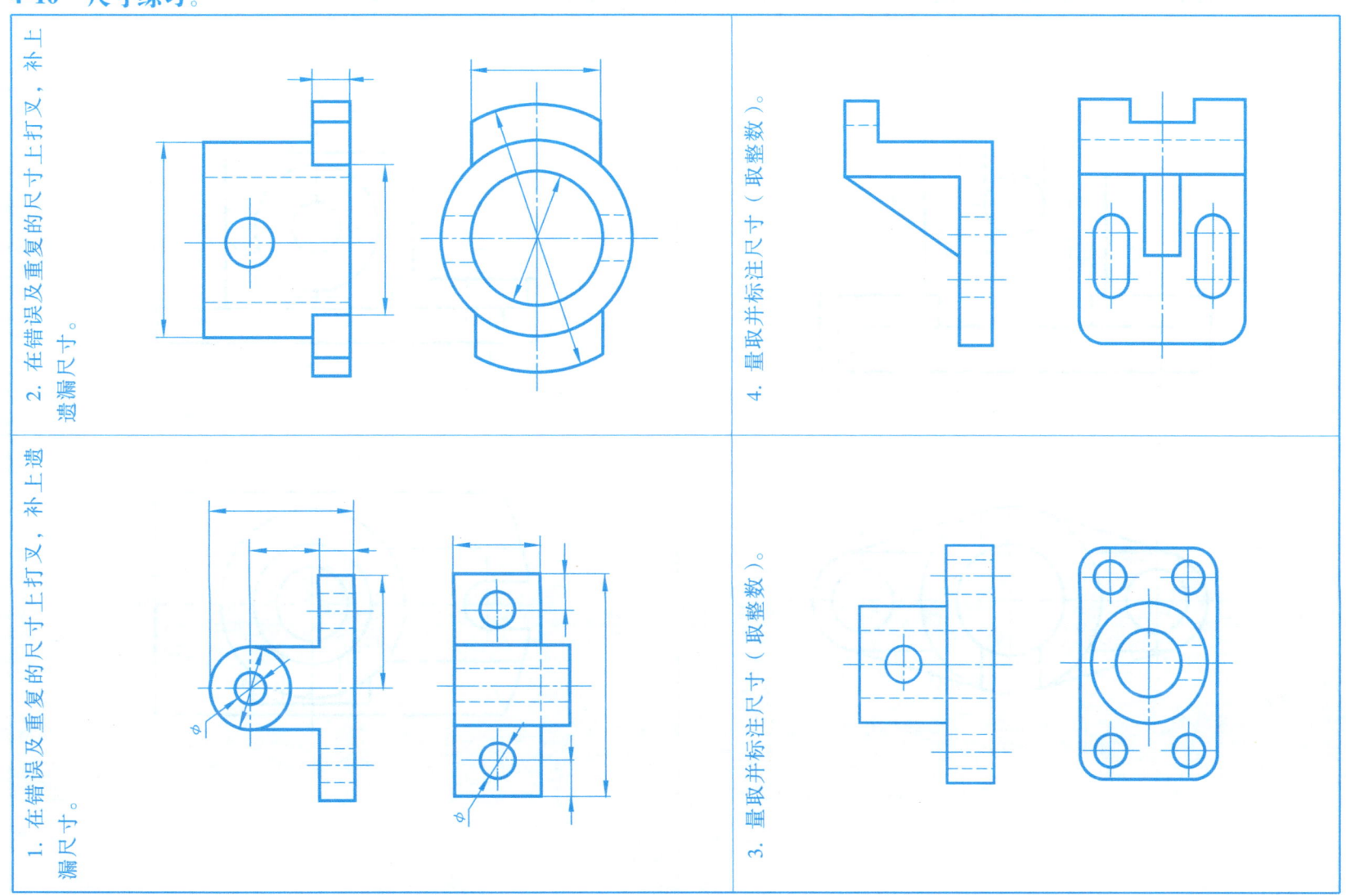

4-11 作业题：由两视图补画第三视图并标注尺寸（尺寸从图中量取，A3 图幅，比例 2:1）。

1.

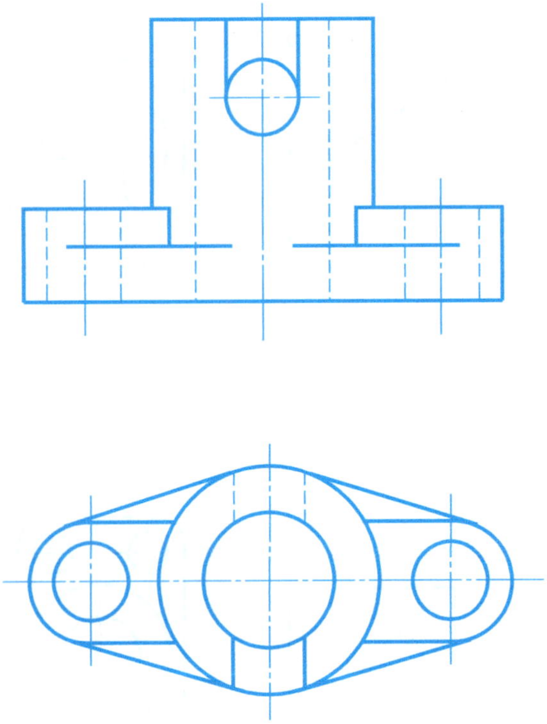

2.

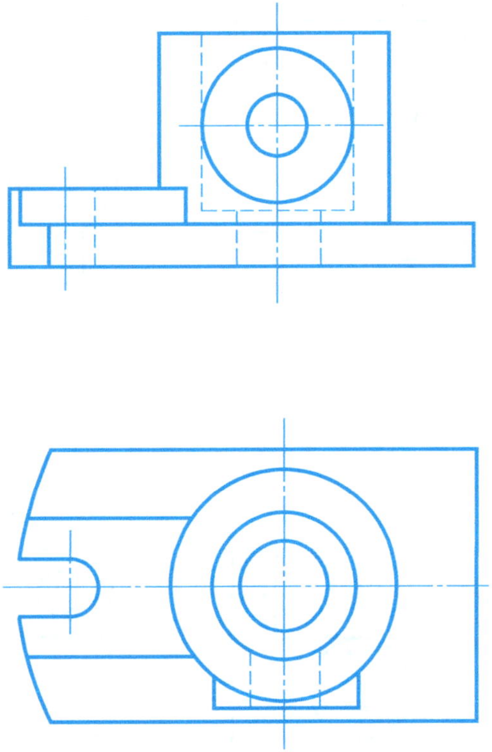

44　　　　　　　　　　　　　班级　　　　　　姓名　　　　　　学号

第五章　图样表达方式

5-1 图样画法练习。已知主、俯视图，补画左、右视图。

1.

2.

5-2 图样画法练习。

1. 根据主、俯视图，画必要的局部视图。

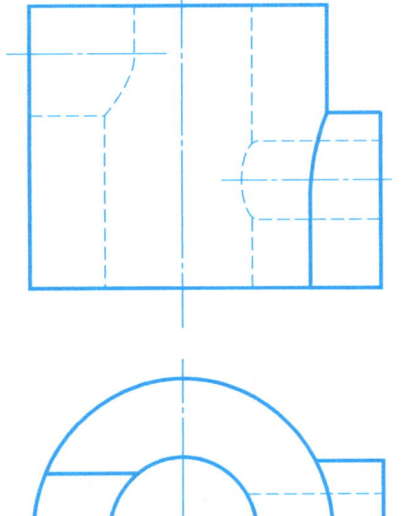

2. 根据主视图及轴测图，画必要的局部视图和斜视图。

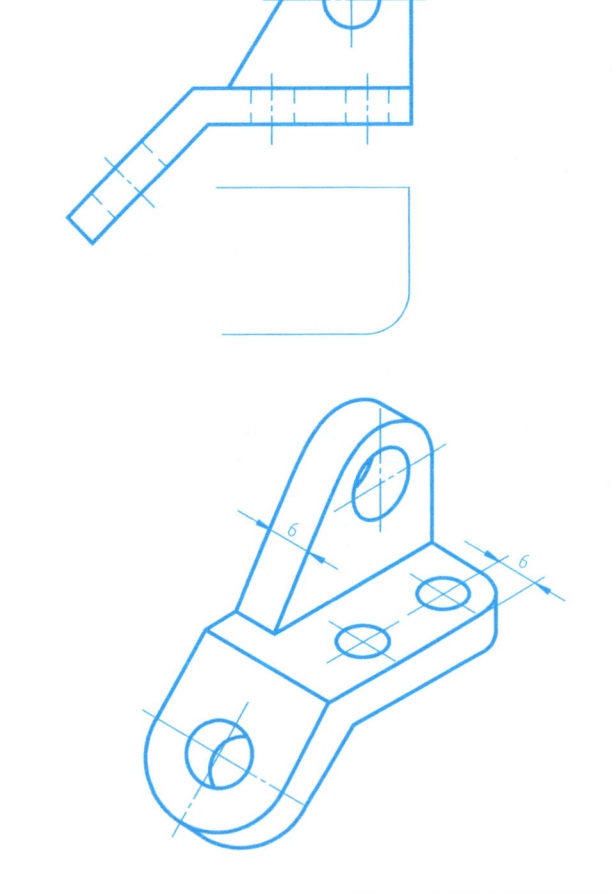

5-3 图样画法练习。在指定的位置将主视图画成用单一剖切面剖切的全剖视图。

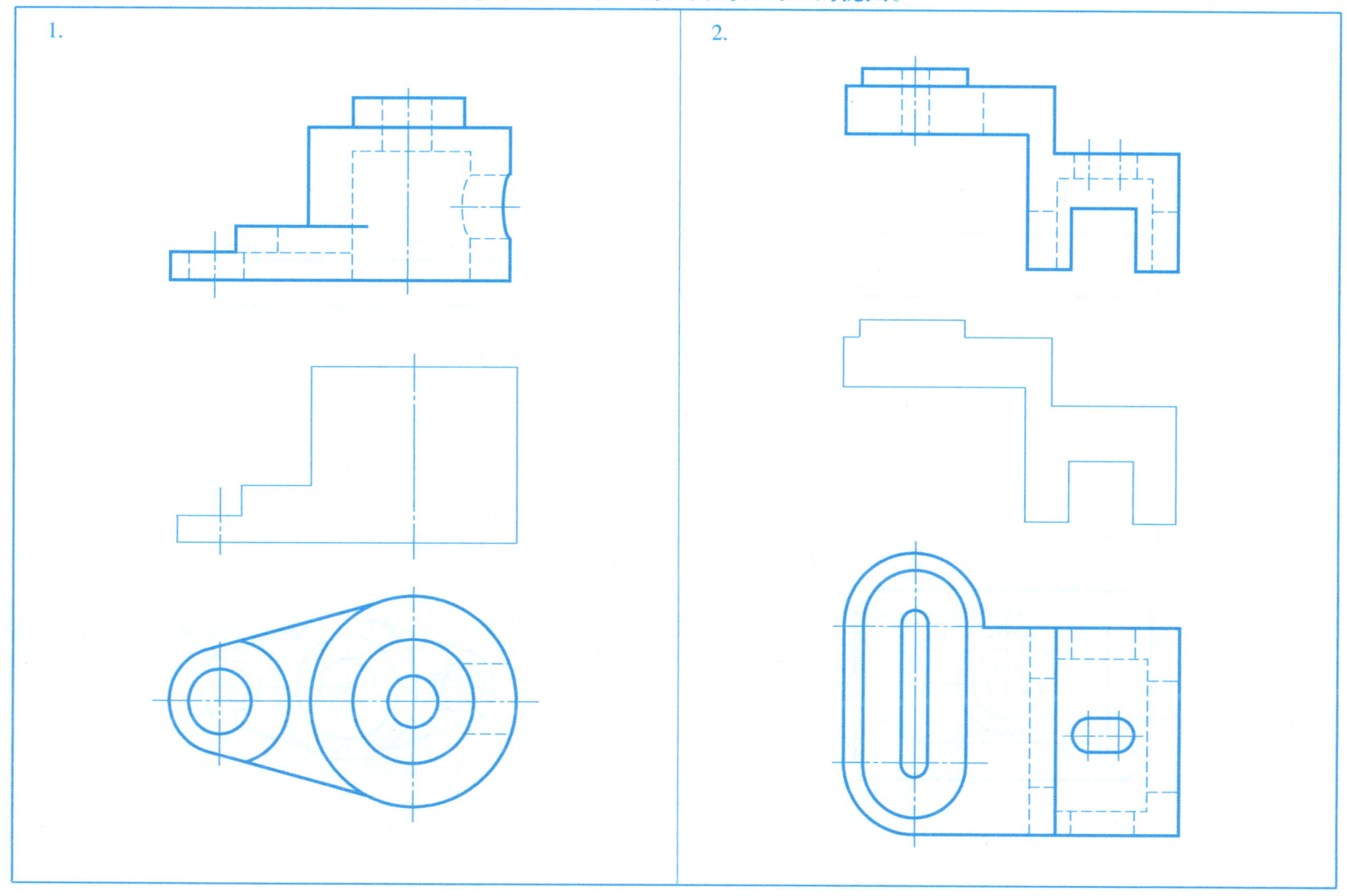

5-4 图样画法练习。在指定的位置将主视图画成半剖视图。

1.

2.

48 班级 姓名 学号

5-5 图样画法练习。在指定的位置将主视图画成局部剖视图。

1.

2.

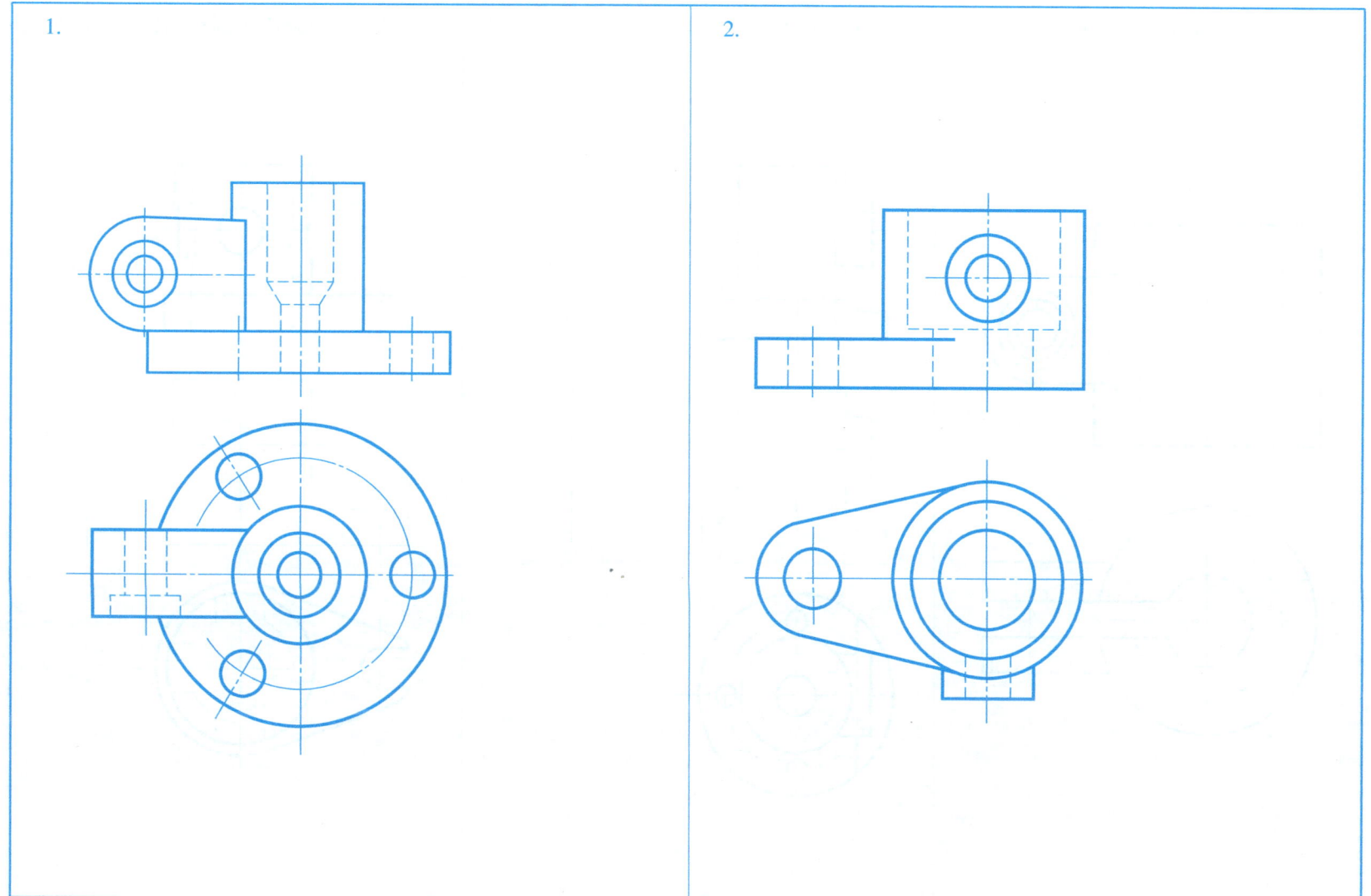

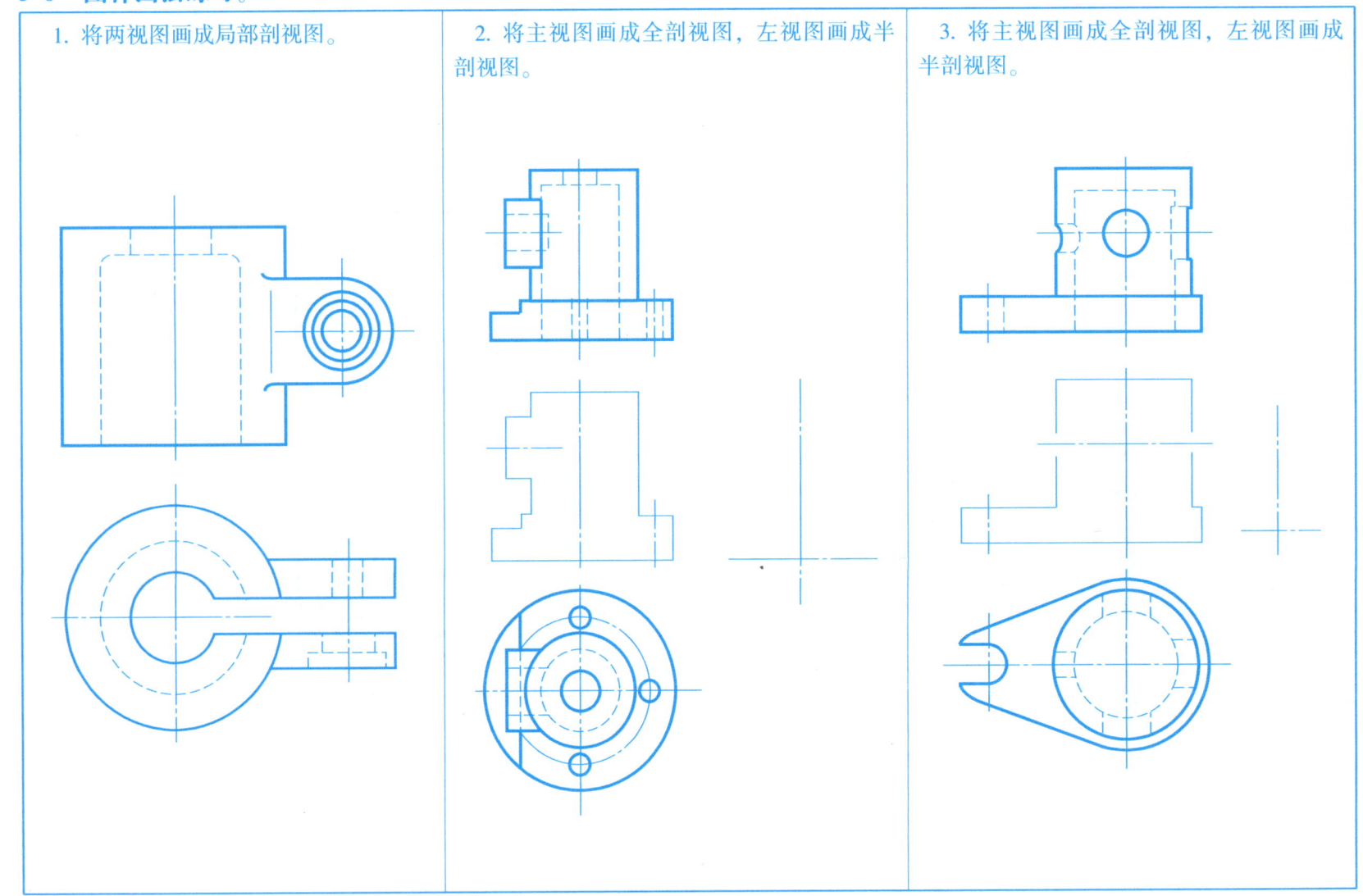

5-7 在指定的位置将主视图画成用相交剖切面剖切的全剖视图。

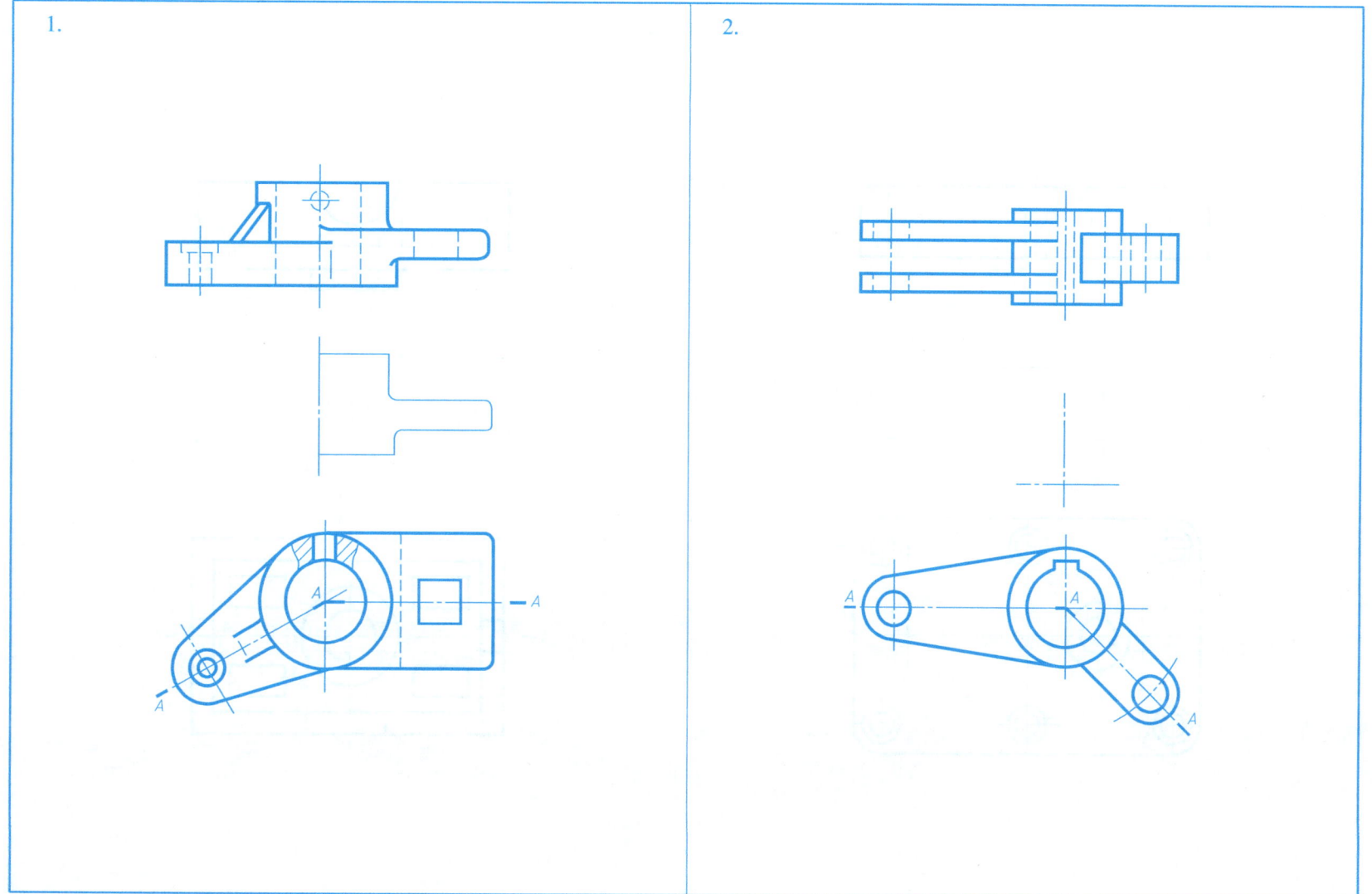

5-8 在指定的位置将主视图画成用平行剖切面剖切的全剖视图。

1.

2.

5-9 在指定位置作出移出断面图。

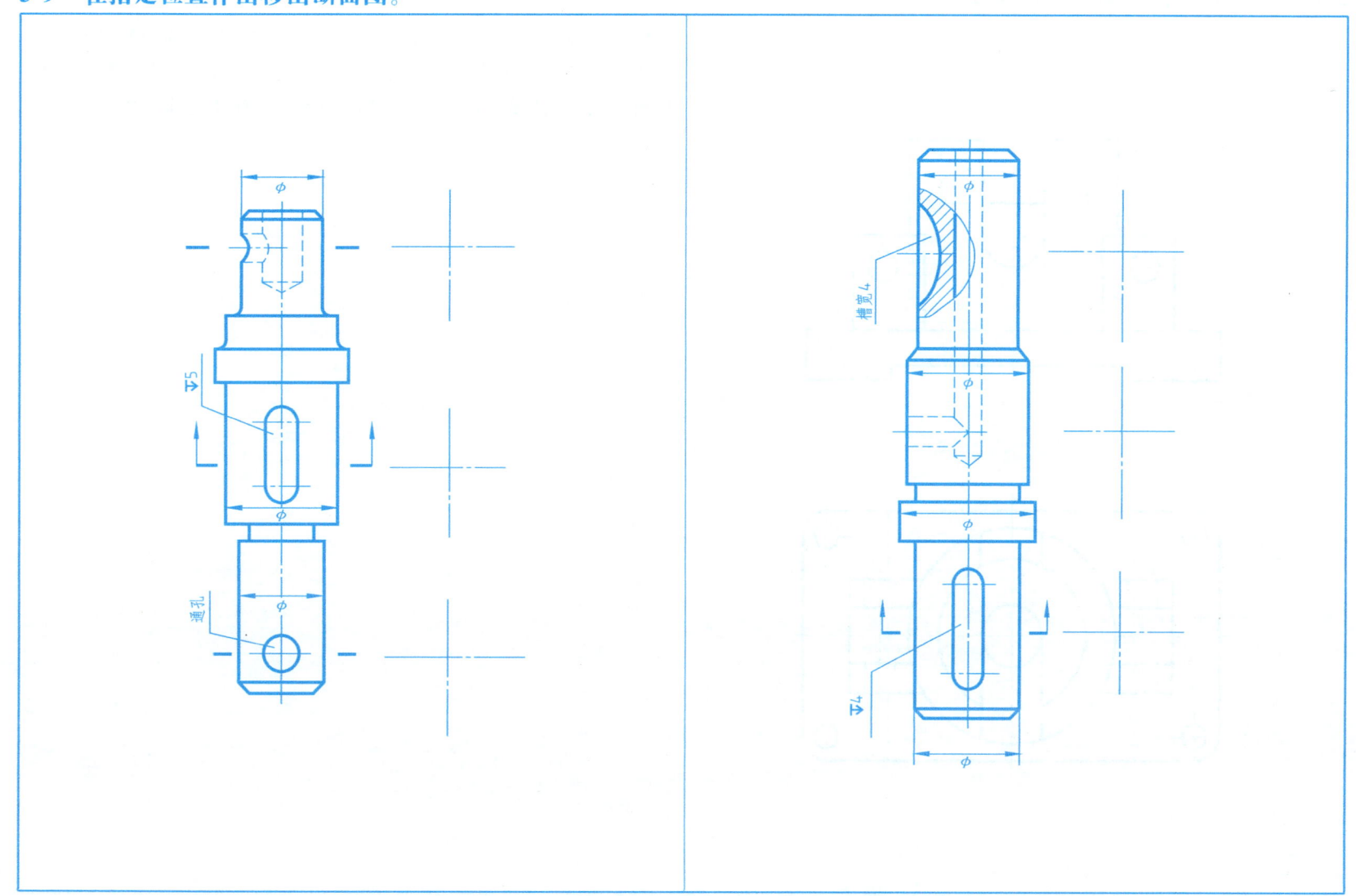

5-10 作业题：图样画法综合练习。

根据两视图，画全其三视图。尺寸从图中量取，选 A3 图纸，比例 2:1。要求主视图画半剖视（底板小孔局部剖）；俯视图左、右竖板小孔采用局部剖；左视图画成全剖视。标注全部尺寸。

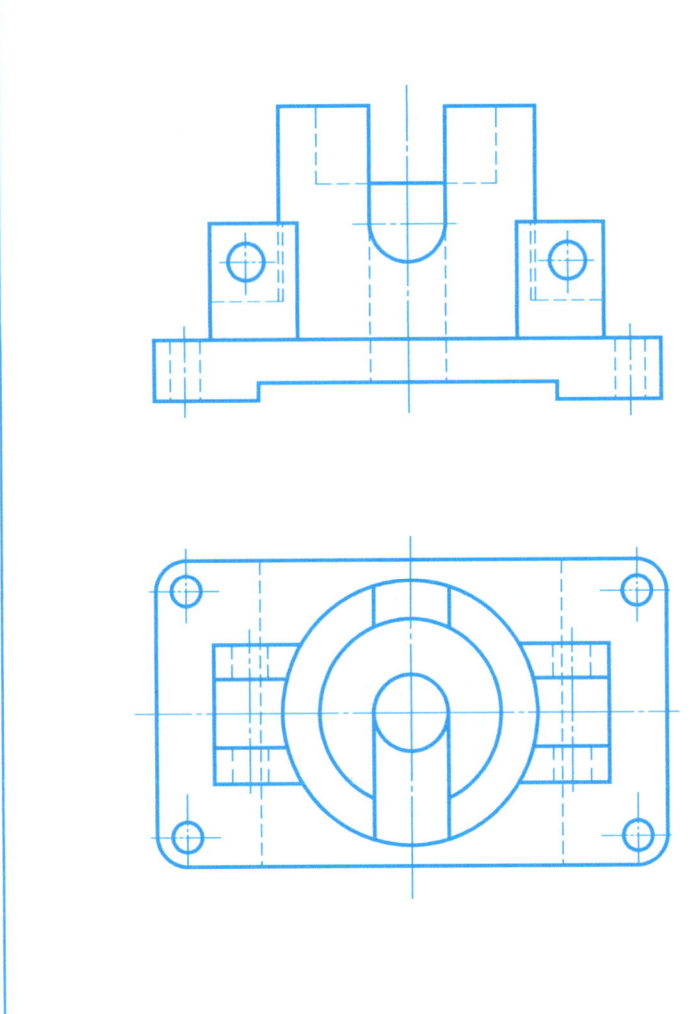

第六章 标准件和常用件

6-1 螺纹画法练习

1. 已知一外螺纹，大径为24mm，螺纹长度为30mm，倒角为C1.5，用1:1比例完成主、左两视图。

2. 已知一内螺纹，大径为24mm，钻孔深为40mm，螺纹长度为35mm，孔口端部倒角为C1.5，用1:1比例完成主（全剖视）、左两视图。

3. 圈出螺纹画法中的错误，并在指定位置画出正确的视图。

6-2 单项选择。选出正确的螺纹画法。

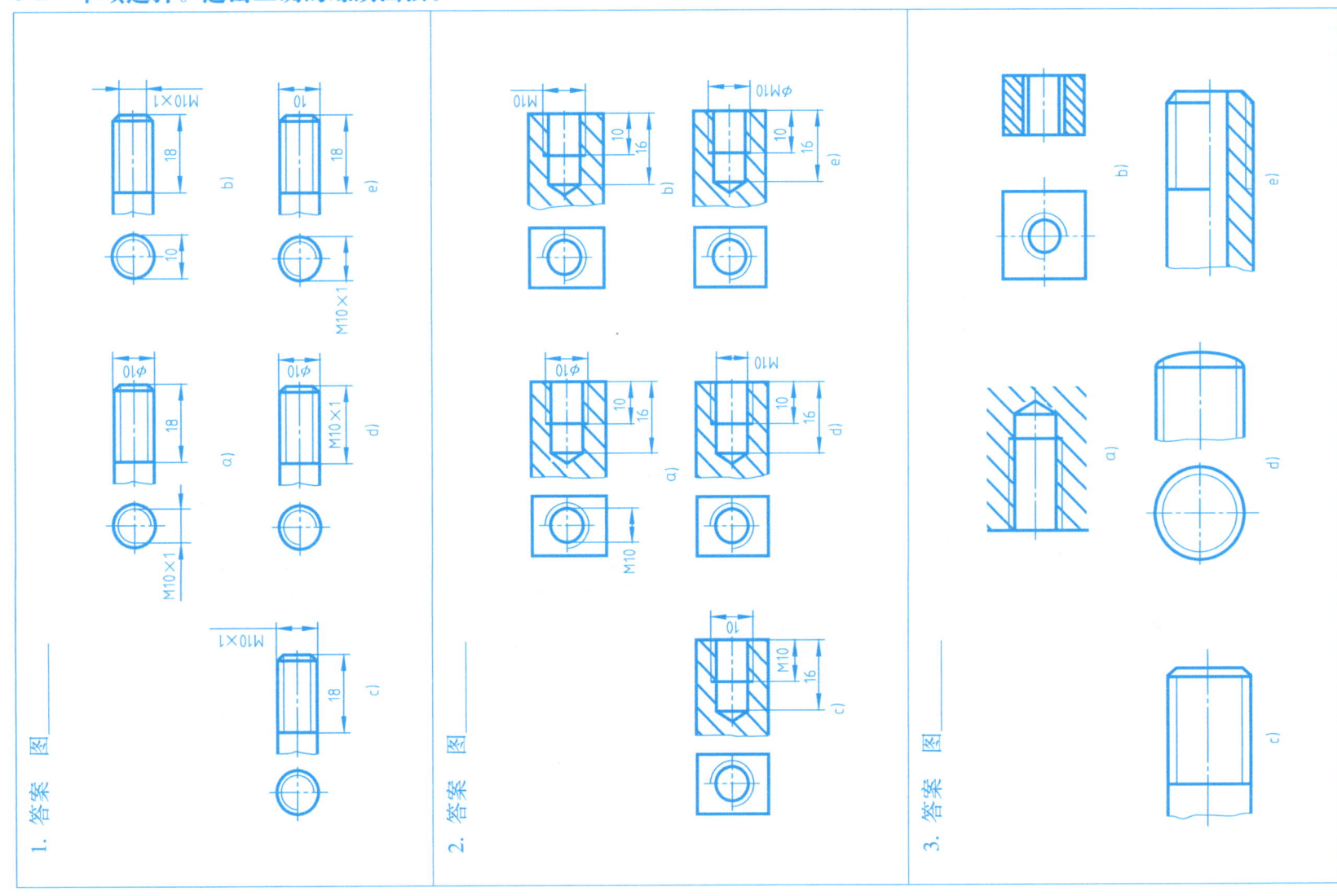

1. 答案 图____
2. 答案 图____
3. 答案 图____

6-3 单项选择。选择正确的螺纹画法。

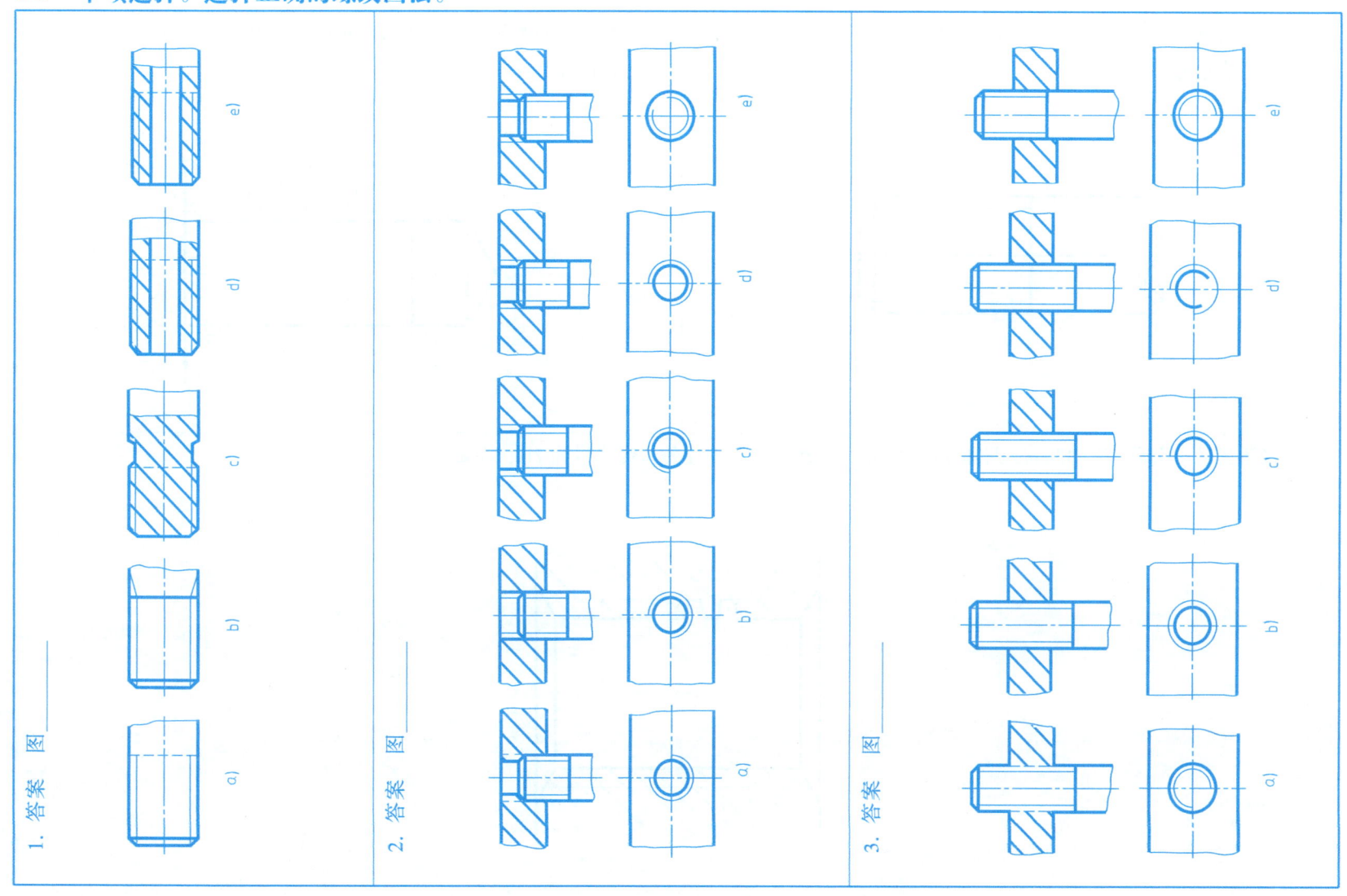

6-4 正确标注螺纹。

1. 粗牙普通螺纹，公称直径20mm，中径公差带代号为5g，顶径公差带代号为6g，右旋。

2. 细牙普通螺纹，公称直径20mm，螺距 $P=1.5$ mm，中径、顶径公差带代号均为5H，右旋。

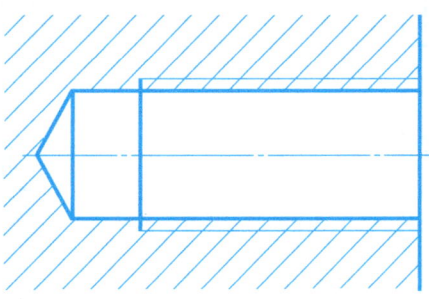

3. 梯形螺纹，公称直径32mm，导程 $Ph=6$ mm，线数 $n=2$、中径公差带代号为7H，左旋。

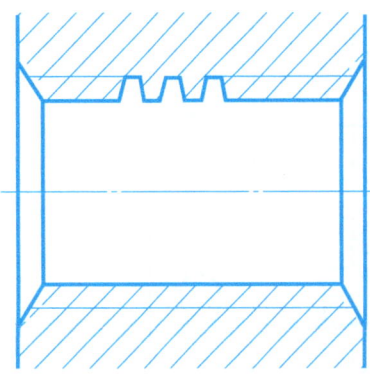

6-5 选择正确的螺纹联接。

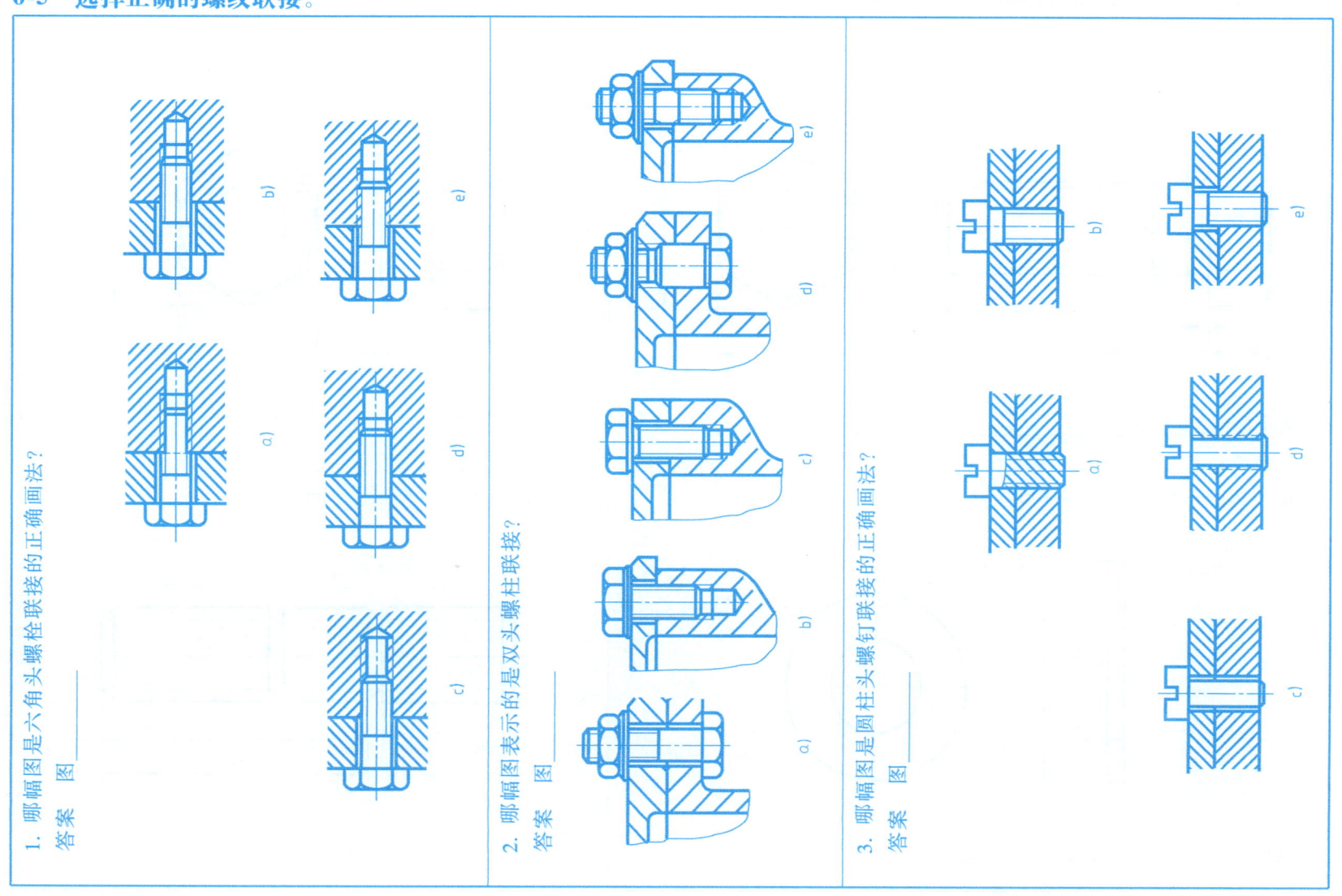

1. 哪幅图是六角头螺栓联接的正确画法？
答案　　图_____

2. 哪幅图表示的是双头螺柱联接？
答案　　图_____

3. 哪幅图是圆柱头螺钉联接的正确画法？
答案　　图_____

6-6 查表填写螺纹联接件的未注尺寸，并写出其规定标记。

1. 六角头螺栓—A 级。

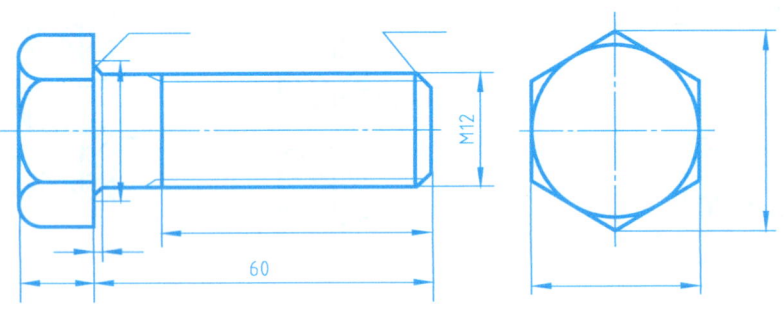

规定标记：＿＿＿＿＿＿＿＿＿＿＿＿＿＿＿

2. Ⅰ型六角螺母—A 级。

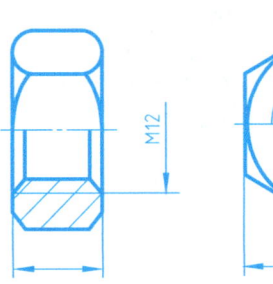

规定标记：＿＿＿＿＿＿＿＿＿＿＿＿＿＿＿

3. 平垫圈—A 级，公称直径 12mm。

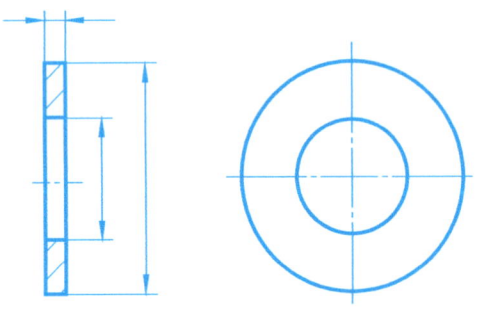

规定标记：＿＿＿＿＿＿＿＿＿＿＿＿＿＿＿

4. 双头螺柱，公称直径 12mm—A 级。

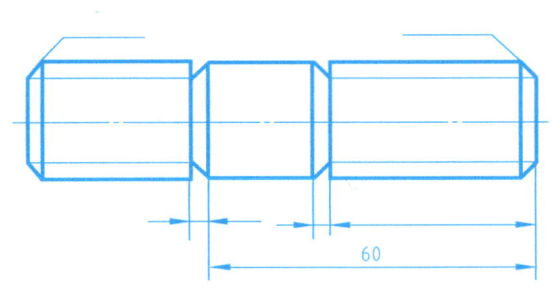

规定标记：＿＿＿＿＿＿＿＿＿＿＿＿＿＿＿

6-7 识读螺纹标记和螺纹紧固件规定标记。

1. 识读螺纹标记,并按项目填入表中所示的内容(可参考教材附录)。

项目 代号	螺纹种类	内、外螺纹	大径	小径	螺距	导程	线数	旋向	公差带代号		旋合长度
									中径	顶径	
M20—7H											
M16—5g6g—S											
G1½A—LH											
M20×2—7g6g—L—LH											
Tr24×5LH—7H											
Tr36×12(P6)											

2. 识读螺纹紧固件规定标记的含义。

(1) 规定标记：螺栓 GB/T 5783 M12×80
    读为：＿＿＿＿＿＿＿＿＿＿＿＿＿＿＿＿

(2) 规定标记：螺钉 GB/T 65 M5×20
    读为：＿＿＿＿＿＿＿＿＿＿＿＿＿＿＿＿

(3) 规定标记：螺母 GB/T 41 M12
    读为：＿＿＿＿＿＿＿＿＿＿＿＿＿＿＿＿

(4) 规定标记：垫圈 GB/T 93 16
    读为：＿＿＿＿＿＿＿＿＿＿＿＿＿＿＿＿

6-8 作业题：**画螺栓联接图**。

1. 内容：用近似画法画螺栓联接图，并按规定的标记形式进行标记。
2. 目的：掌握螺栓联接的近似画法和标记方法，熟悉联接图的特点。
3. 要求：

   （1）选用 A4 幅面图纸，竖放，比例 1:1。图名为螺栓联接。

   （2）主视图画成全剖视图，俯、左视图画成视图形式。

   （3）视图布局要合理，图面整洁美观，图线清晰。除标准件按规定标记外，还应注出必要尺寸。
4. 提示：

   （1）确定螺栓的规格尺寸 d 和 l（圆整后取标准值）。孔径 $=1.1d$，$l = s_1 + s_2 + m + h + a$。

   （2）根据 d 查表确定螺母各部分尺寸。

   （3）布置视图，绘制底稿，按规定形式标记，试注必要的尺寸。

   （4）检查、整理图面，按规定的线型描深。

   （5）填写标题栏。

   根据所给尺寸选取恰当的螺栓、螺母和垫圈，将两被联接件联接，并标注有关尺寸。

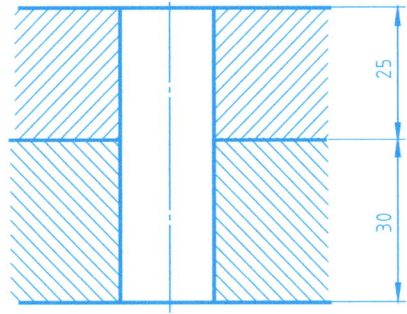

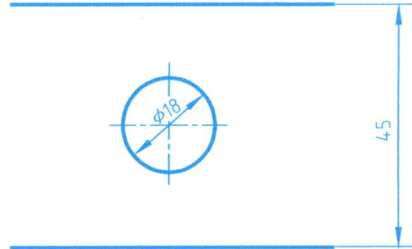

6-9 齿轮画法练习。已知标准圆柱直齿轮 $m=3$mm, $z=23$, 用 1:1 比例, 在指定位置完成视图, 并标注尺寸。

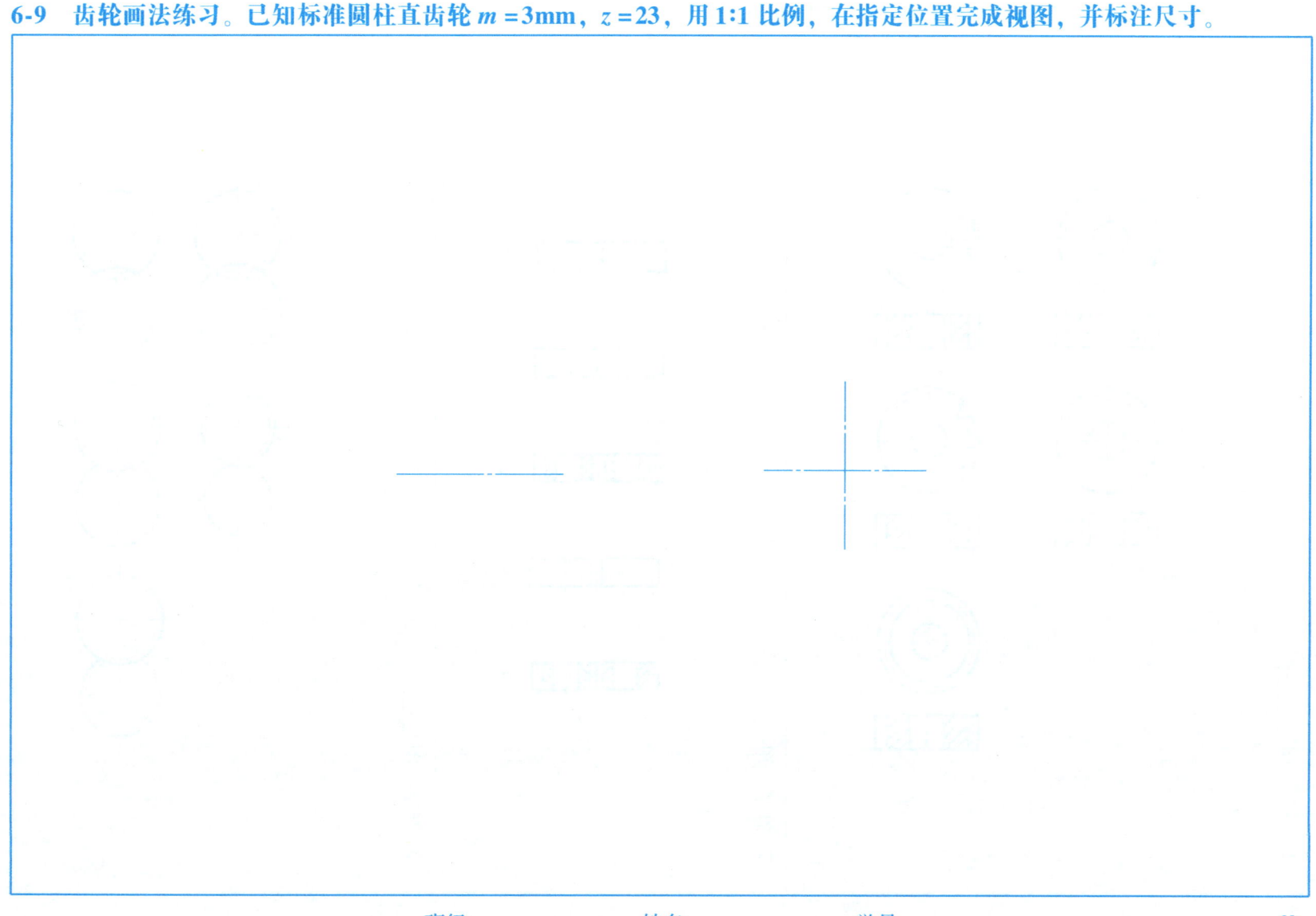

6-10 选择题。选出符合齿轮及齿轮啮合相关标准的图形。

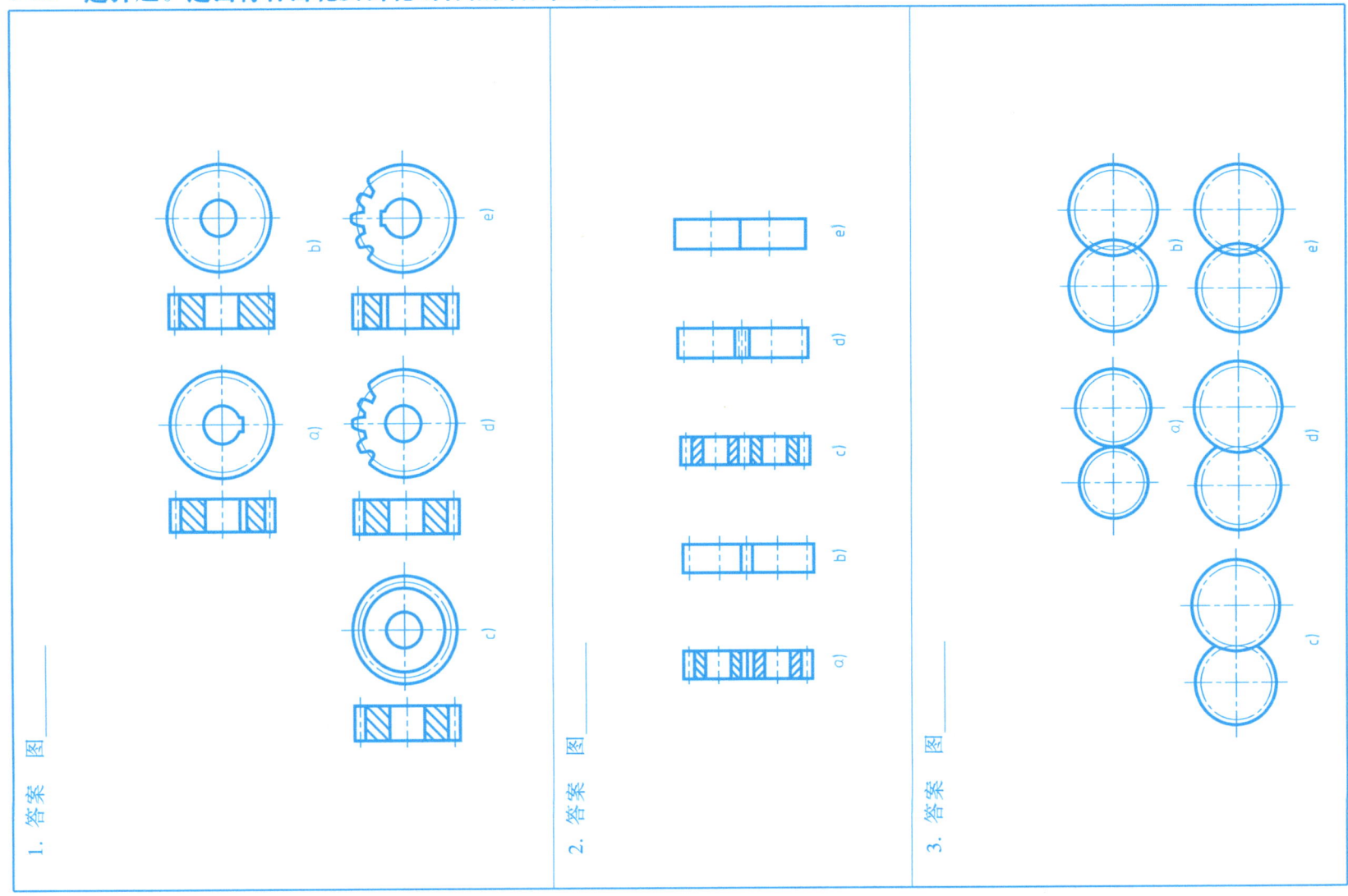

1. 答案 图 _____

2. 答案 图 _____

3. 答案 图 _____

6-11 读键销联接图，填空答题。

1.

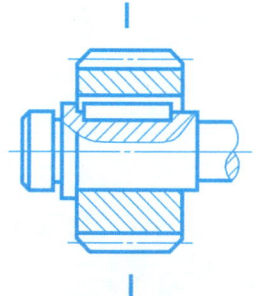

(1) 键的名称是_____。
(2) 键的尺寸：长_____，宽_____，高_____。
(3) 齿轮上的键槽宽_____，深_____。
(4) 轴上的键槽宽_____，深_____。

2.

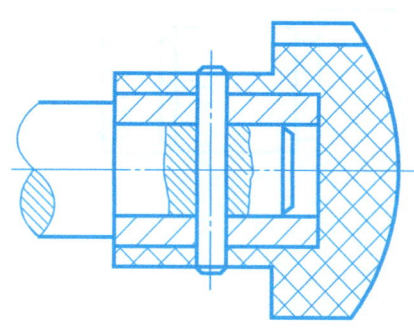

(1) 销的名称是_____。
(2) 销的标记为_____。
(3) 销的公称直径是_____，长度_____。
(4) 该处销的作用是_____。

第七章 零 件 图

7-1 读零件图练习。

1. 根据轴、轴套、轴孔的公差带代号和极限偏差值，分别写出它们的上、下极限尺寸和尺寸公差。

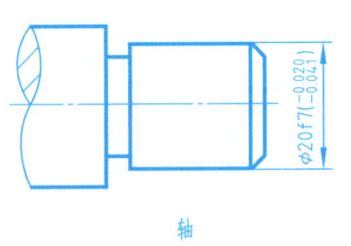
轴

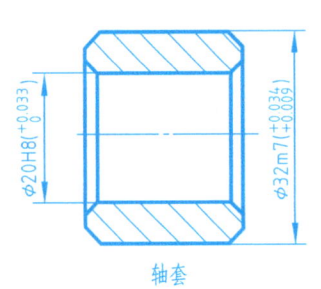
轴套

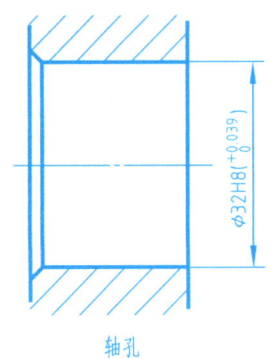
轴孔

2. 根据装配图的孔、轴配合尺寸和代号，分别写出两处配合的配合制度和配合种类。

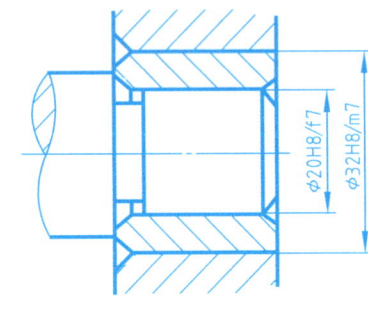

7-2 用文字说明图中框格标注的含义。

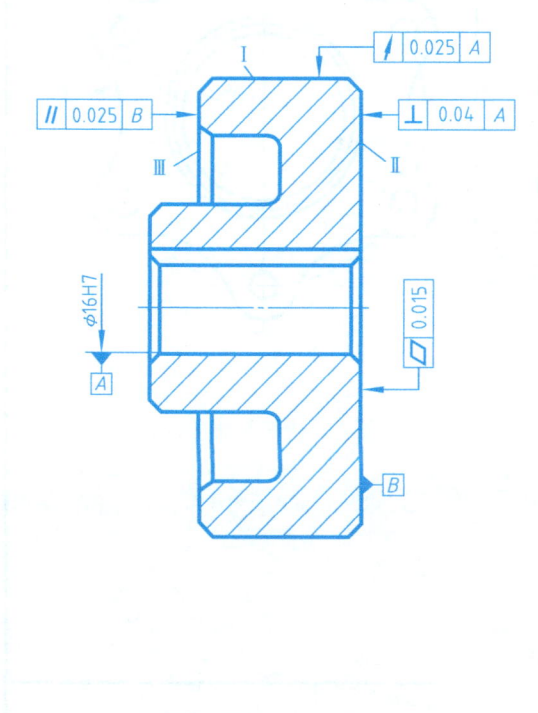

▱ 0.015 的含义：被测要素是_____，公差项目是_____，公差值为_____。

⊥ 0.04 A 的含义：基准要素是_____，被测要素是_____，公差项目是_____，公差值为_____。

⌀ 0.025 A 的含义：基准要素是_____，被测要素是_____，公差项目是_____，公差值为_____。

∥ 0.025 B 的含义：基准要素是_____，被测要素是_____，公差项目是_____，公差值为_____。

7-3 读压紧盖零件图并回答问题。

（1）该零件的名称是_____，材料是_____，比例是_____，属于_____比例。

（2）该零件的外形轮廓线由_____段圆弧连接而成，其已知圆弧的半径是_____，定位尺寸是_____圆周的六等分，其连接圆弧的半径是_____。

（3）尺寸 6×φ14 表示有_____个直径是_____的通孔。

（4）尺寸 $\phi 115_{-0.07}^{\ 0}$ 的公称尺寸是_____，上极限尺寸是_____，下极限尺寸是_____，公差值是_____。

（5）该零件上有_____处倒角，其倒角尺寸是_____。

（6）该零件表面粗糙度值 Ra 要求最小的是_____，最大的是_____，外形轮廓表面的表面粗糙度代号是_____。

（7）该零件的总体尺寸是：长_____，宽和高均为_____。

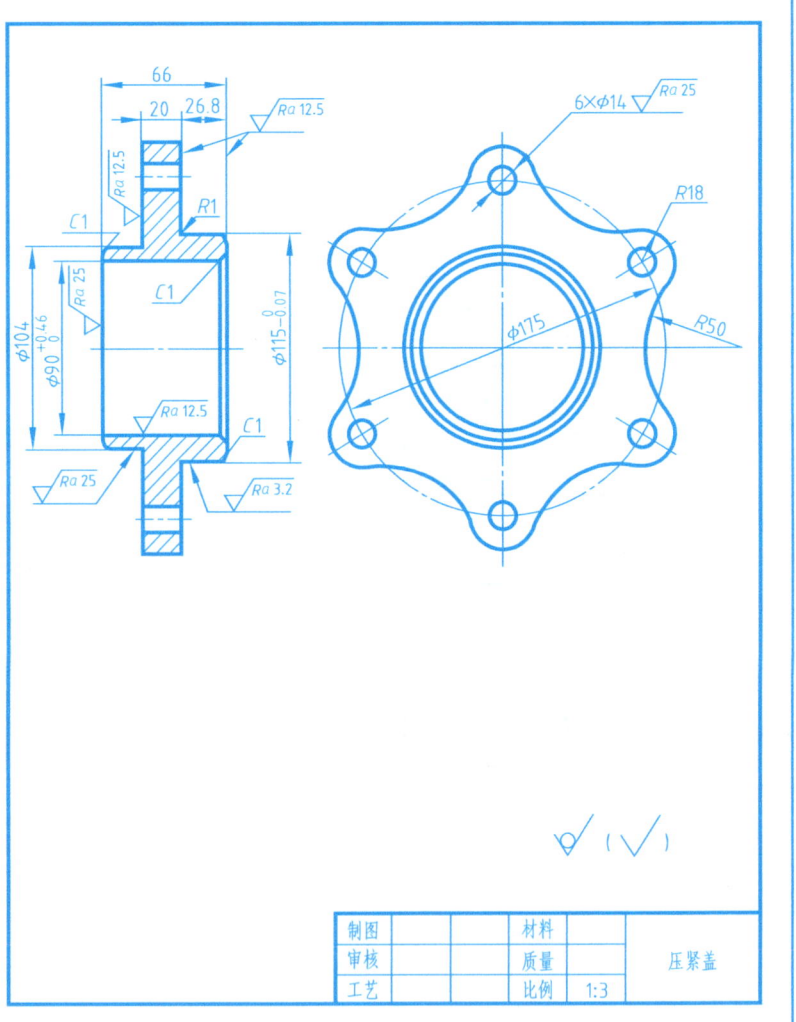

7-4 读阀芯零件图并回答问题。

（1）阀芯的主视图中作了_____，表达_____。

（2）A—A 剖面主要表达_____。另一个移出剖面主要表达_____形状。

（3）图中的符号 ▷ 1:7 表示_____，M20-8g 表示_____。

（4）图中有_____处倒角，倒角尺寸为_____。

（5）图中①所指的交叉粗实线称为_____，②所指的交叉细实线表示_____。

（6）图中的尺寸"168"属于_____尺寸，"φ18"属于_____尺寸，"45"属于_____尺寸，"135°"属于_____尺寸。

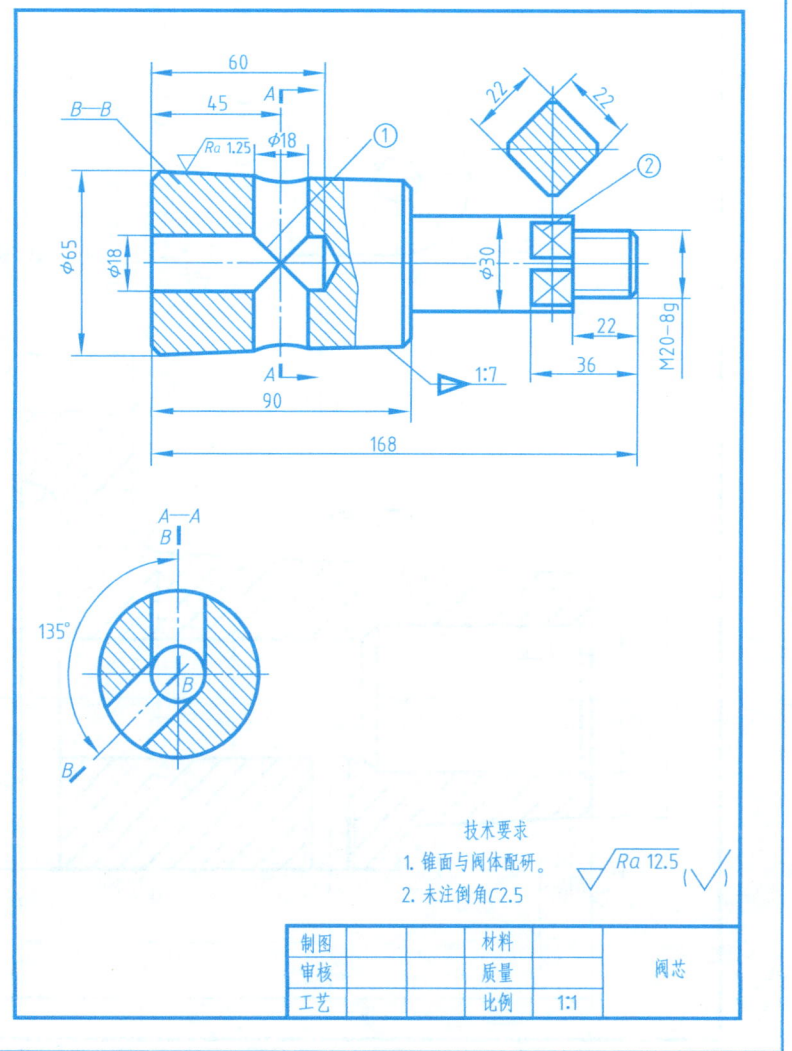

7-5 读零件图并回答问题。

1. 该零件的材料名称是_____。
2. 该零件的表达方案组成：视图_____和_____剖视图有_____处。
3. 解释"M8"的含义：M 表示_____，螺纹的大径是_____，螺距是_____，螺纹的旋向是_____。
4. 该零件最高表面粗糙度代号是_____，图中"φ80"圆柱面的表面粗糙度代号是_____。
5. φ16 $^{+0.027}_{\ 0}$ 的上极限尺寸是_____，尺寸公差是_____。

技术要求

完工后的零件不得有铸造缺陷。

$\sqrt{}$ ($\sqrt{}$)

材料	HT200
质量	比例
顶座	(校名)
制图	
审核	

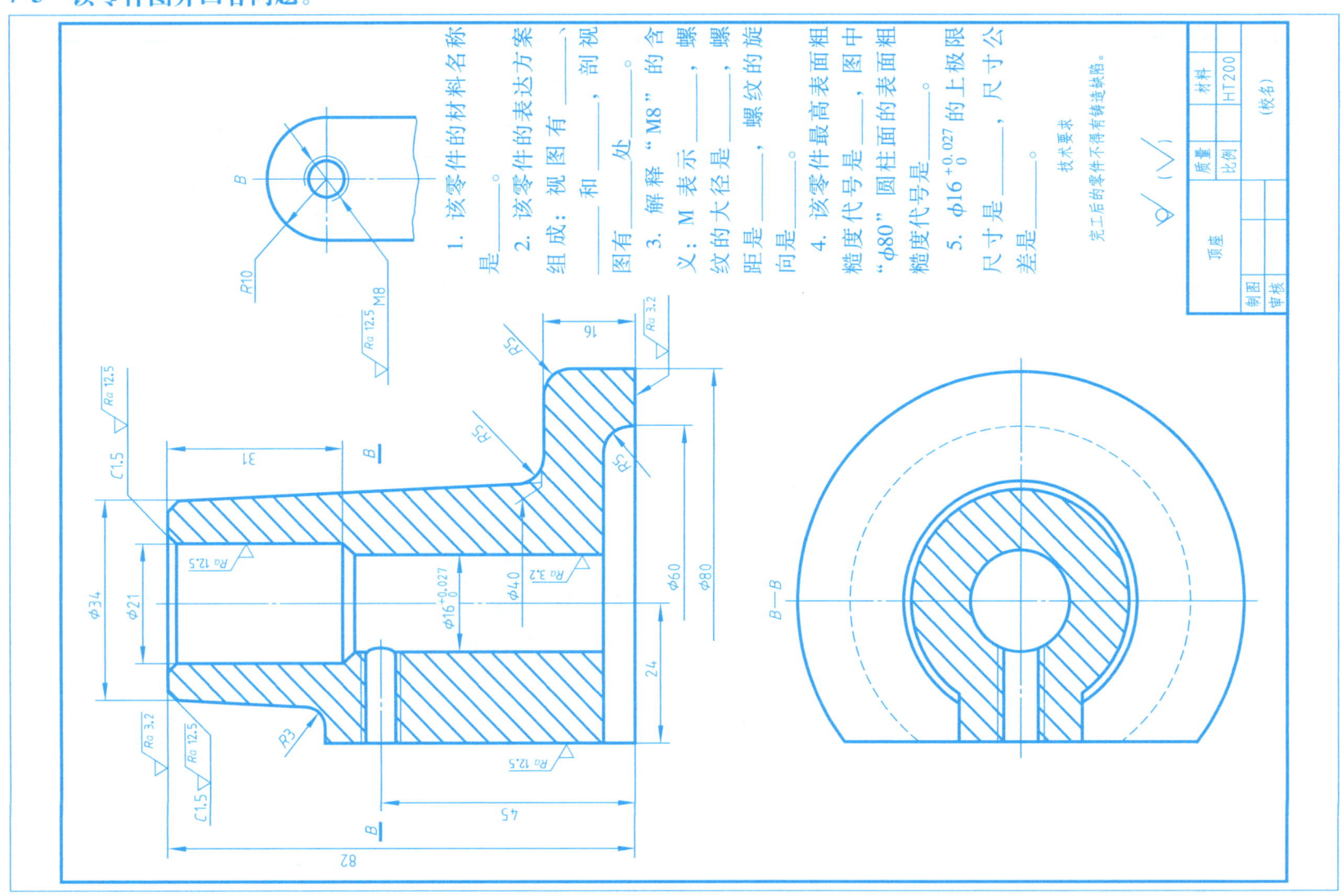

第八章 装配图

8-1 读立体图,分析装配图,回答问题。

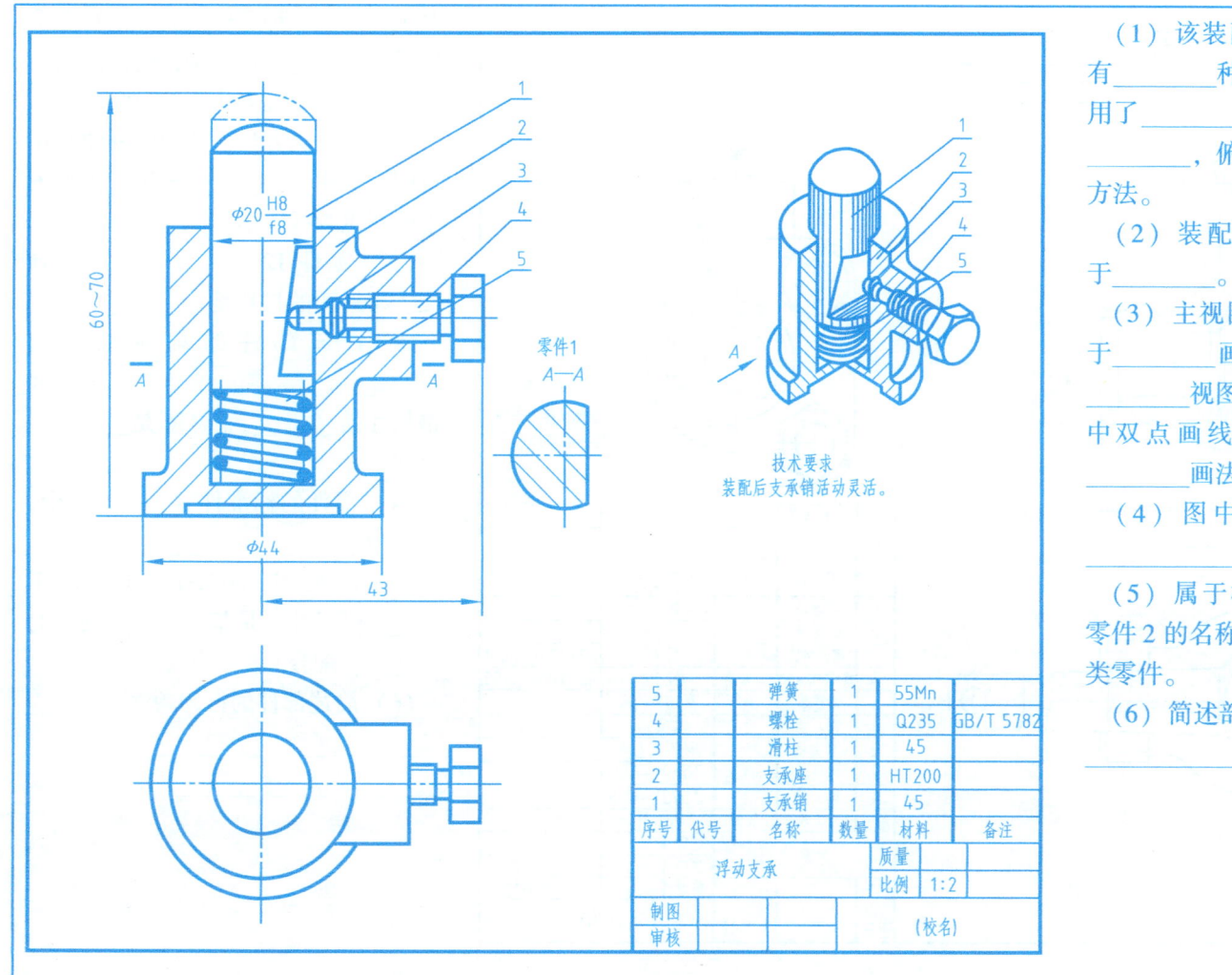

(1) 该装配体的名称是_____,共有_____种零件组成。其表达方法共采用了_____个视图,主视图中采用了_____,俯视图采用了_____表达方法。

(2) 装配图中,右方的文字说明属于_____。

(3) 主视图中,零件1没有剖切,属于_____画法,采用同样画法的还有_____视图中的_____零件。主视图中双点画线表示的是_____,属于_____画法。

(4) 图中四种尺寸属于的类型是_____。

(5) 属于标准件的零件是_____,零件2的名称是_____,属于_____类零件。

(6) 简述部件的工作原理:_____。

8-2 读立体图，分析装配图，回答问题。

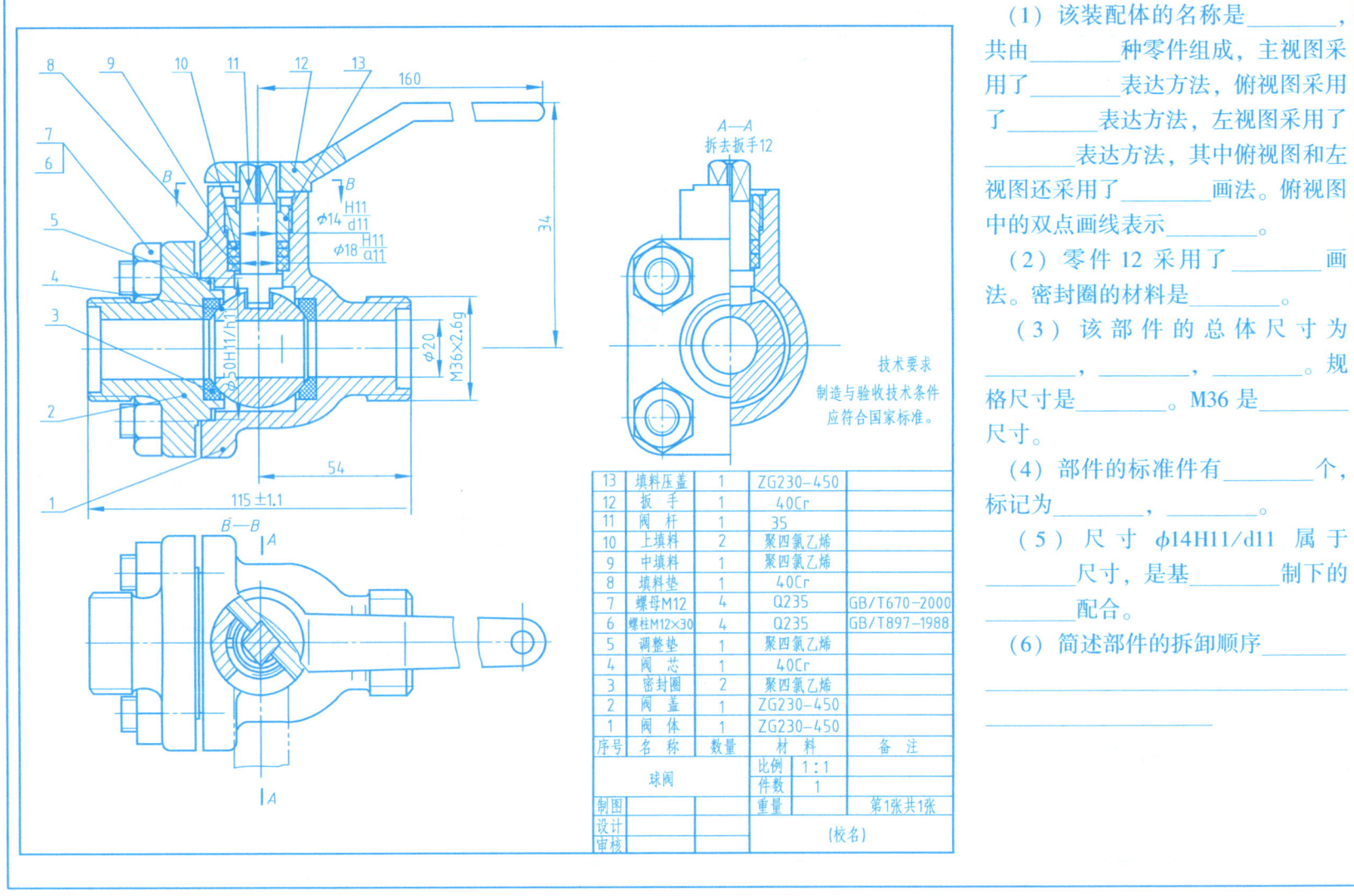

(1) 该装配体的名称是_____，共由_____种零件组成，主视图采用了_____表达方法，俯视图采用了_____表达方法，左视图采用了_____表达方法，其中俯视图和左视图还采用了_____画法。俯视图中的双点画线表示_____。

(2) 零件12采用了_____画法。密封圈的材料是_____。

(3) 该部件的总体尺寸为_____，_____，_____。规格尺寸是_____。M36是_____尺寸。

(4) 部件的标准件有_____个，标记为_____，_____。

(5) 尺寸 $\phi14H11/d11$ 属于_____尺寸，是基_____制下的_____配合。

(6) 简述部件的拆卸顺序_____